Lexique bilingue de la comptabilité et de la finance

Langues pour tous

Collection dirigée par Jean-Pierre Berman, Michel Marcheteau et Michel Savio

ANGLAIS Langue de spécialité

❑ **Langues des affaires**

- S'initier à l'anglais commercial en 40 leçons
- L'anglais économique et commercial
- Vendre en anglais • Négocier en anglais • Exporter en anglais
- Dictionnaire de l'anglais économique, commercial et financier
- Téléphoner en anglais (CD)
- Correspondance commerciale en anglais (GB/US)
- Vocabulaire de l'anglais commercial
- L'anglais du tourisme, de l'hôtellerie et de la restauration
- Dictionnaire de l'anglais des métiers du tourisme
- L'anglais de l'assurance
- L'anglais du marketing et de la publicité.

❑ **Série lexiques bilingues**

- Anglais juridique • Bureautique
- Commerce international
- Comptabilité et finance
- Technique de commercialisation

❑ **Sciences et techniques, médias**

- Dictionnaire bilingue de l'Internet et du multimédia
- Dictionnaire de l'anglais des médias et du multimédia
- Comprendre l'anglais parlé (US/GB) (CD)
- Guide bilingue de la communication électronique

❑ **Série « Tout de suite ! » de spécialité**

- L'anglais en réunion tout de suite ! (CD)
- L'anglais au téléphone tout de suite ! (CD)
- L'anglais de l'entretien tout de suite ! (CD)
- L'anglais de l'accueil tout de suite ! (CD)
- L'accueil en anglais tout de suite ! (CD)
- Le CV en anglais tout de suite !

(CD) = Existence d'un coffret : Livre + (CD)
Attention ! Les CD ne peuvent être vendus séparément du livre.

Lexique bilingue de la comptabilité et de la finance

par

Jean-Yves Eglem
Docteur ès sciences économiques
Agrégé de l'Université
Diplômé d'expertise comptable
Professeur à l'ESCP

et

John Kennedy
Expert-comptable
Commissaire aux comptes
Chartered accountant
Professeur associé à l'ESCP

POCKET

ISBN : 978-2-266-18551-6

TABLE DES MATIÈRES

PRESENTATION

La comptabilité, la gestion, la finance sont des domaines dans lesquels la connaissance des termes anglo-saxons est de plus en plus indispensable. Les dictionnaires bilingues classiques ne peuvent donner rapidement le sens de mots qui ont le plus souvent un contenu relativement technique. Il existe également des dictionnaires très spécialisés mais ils ne peuvent toucher qu'un public restreint.

Ce *Lexique bilingue de la comptabilité et de la finance* a été conçu comme un instrument de travail, à la fois précis et concis, à l'usage des praticiens, des traducteurs et des étudiants, aussi bien anglais et américains que français.

L'ouvrage est divisé en trois grandes parties :

La partie A : Lexique français-anglais

La partie B : Phrases types

A la suite de la partie A figurent à titre d'exemples des phrases types regroupées en plusieurs thèmes (par exemple, vocabulaire de l'enregistrement comptable, opérations de fin d'exercice, audit des comptes, analyse financière, analyse des coûts et contrôle de gestion). Ces phrases utilisent des expressions relativement courantes des domaines de la comptabilité et de la finance.

La partie C : Glossaire anglais-français

A

à nouveau	**opening balance**
à payer	**payable**
à recevoir	**receivable**
à titre gracieux	**for free**
à titre onéreux	**in return for payment**
à vue	**on demand**
abandon de créance	**abandonment of debt**
abattement fiscal	**tax credit ; tax reduction ; tax allowance**
ABC (coûts à base d'activité)	**Activity Based Costing**
abonnement	**subscription**
absentéisme	**absenteeism ; absence rate**
absorbtion	(*fusion-absorbtion*) **merger**
abus de biens sociaux	(*détournement*) **embezzlement ; misappropriation of corporate funds**
abus de confiance	**breach of trust**
acceptation	**acceptance**
acceptation de banque	**bank acceptance**
accepter	**to honour**
accès direct	(*informatique*) **random access**
accès séquentiel	**sequential access**
accorder un prêt	**to grant a loan**
accroissement	**increase**
accroissement naturel	**accretion**
accroissement de valeur	**increase in value**
accumuler (des stocks)	**to stockpile**
accusé de réception	**acknowledgement of receipt**
achalandage	**patronage**
achat	**purchase**
achat à crédit	**credit purchase**
achat avec reprise	**trade-in**
achat d'un bloc (de titres)	**block trade**

achat pour couverture	buyback
achats	purchases
achats d'immobilisations	capital expenditure
acheter à terme	to buy forward
acheter au comptant	to buy for cash
acheteur	purchaser, purchasing agent
acompte	payment on account,
acompte provisionnel (sur impôt)	tax instalment
acompte sur dividende	interim dividend
acquisition	purchase
acquisition par emprunt	leveraged buyout (LBO)
acquitter	to discharge
acte	deed ; (*écrit juridique*) instrument
acte constitutif	instrument of incorporation ; articles of incorporation
acte de vente	bill of sale
acte sous seing privé	private agreement
actif	asset
actif (du bilan)	assets
actif(s) à court terme	current asset(s)
actif(s) à long terme	long-term asset(s)
actif(s) corporel(s)	tangible asset(s)
actif d'exploitation	operating assets
actif disponible et réalisable	quick assets
actif financier	financial asset
actif fixe	fixed assets
actif identifiable	identifiable assets
actif immobilisé	capital assets ; long-term assets
actif immobilisé corporel	fixed assets
actif incorporel	intangible assets
actif liquide	liquid assets
actif monétaire	monetary asset
actif net	net assets ; (*au sens de capitaux propres*) owners' equity
actif net négatif	shareholders' deficiency

actif non monétaire	**non-monetary asset**
actif productif	**earning asset**
actifs circulants	**current assets**
actifs d'impôt différé	**deferred tax debit**
actifs d'une société	**corporate assets**
actifs hors exploitation	**non operating assets**
actif sous-jacent	**underlying asset**
actif total	**total assets**
action	**share**
actions	**stock**
actions achetées à crédit	**leveraged stock**
actions diluées	**diluted shares**
action à droit de vote plural	**multiple voting share**
action amortie	**redeemed share**
action convertible	**convertible share**
action cotée	**quoted share**
action d'apport	**share issued other than for cash**
action de bon père de famille	**blue chip**
action de garantie	**qualifying share**
action de numéraire	**share issued for cash**
actions émises	**issued shares**
action entièrement libérée	**fully paid share**
action gratuite	**bonus share**
action non émise	**treasury share**
action non libérée	**non-fully paid share**
action ordinaire	**common share**
actions propres (rachetées)	**treasury stock**
actionnaire	**shareholder**
actionnaire dirigeant	**shareholder officer ; director shareholder**
actionnaire majoritaire	**majority shareholder ; controlling shareholder**
actionnaire minoritaire	**minority shareholder**
actionnariat des salariés	**employee stock ownership plan**
activation	**capitalization**
activer	**to capitalize**
activité (de l'entreprise)	**operations**

activité commerciale	commercial activity
activité de main d'œuvre	labour intensive industry
activité normale	normal volume
activité principale	principal activity
activité productive	income earning activity
activité secondaire	ancillary operations
actuaire	actuary
actualisation	discounting ; (*mise à jour*) update
actualiser	to discount
addition	bill
additionner	to foot
administrateur	director
administrateur délégué	managing director
administrateur judiciaire	(in bankruptcy procedures) administrator
administration	management
Administration	public administration
Administration fiscale	tax authorities
administrer	to manage
affacturage	factoring
affaire	deal
affaires	business
affectable	chargeable
affectation	allocation
affecter	to allocate
agence de notation	rating agency
agencement	layout
agencements	fixtures ; fittings
agenda	diary
agio(s)	bank charges ; service charges
aide-comptable	bookkeeper
aide de l'Etat	government assistance
aide financière	financial support
aide-mémoire	check-list
ajusté	restated
ajustement	adjustment

Français	Anglais
allègement fiscal	**tax relief**
allocation	(*prestation sociale*) **allowances**
aménagement	**layout**
amende	**fine**
amende fiscale	**tax penalty**
amoindrissement de valeur	(*par rapport à la valeur probable de réalisation*) **allowance**
amortir	(*étaler dans le temps*) **to amortize to income** ; (*un emprunt*) **to redeem** ; (*diminuer la valeur d'un actif*) **to write down**
amortissement	(*immobilisations incorporelles*) **amortization** ; (*immobilisations corporelles*) **depre-depreciation** ; (*biens miniers ou pétroliers*) **depletion** ; (*financier*) **amortization, redemption**
amortissement accéléré	**accelerated depreciation**
amortissement annuel	(*dotation*) **amortization expense ; depreciation expense**
amortissement constant	**straight line method (of depreciation)**
amortissement cumulé	**accumulated amortization ; accumulated depreciation**
amortissement dégressif	**decreasing balance method (of depreciation)**
amortissement dérogatoire	**tax depreciation allowance, in excess of normal depreciation**
amortissement linéaire	**straight line method (of depreciation)**
analyse	**analysis**
analyse avantages-coûts	**cost/benefit analysis**
analyse chronologique	**time series analysis**
analyse coût-volume-profit	**cost/volume/profit analysis**

analyse de portefeuille	**portfolio analysis**
analyse de rentabilité	**break-even analysis**
analyse des coûts	**cost analysis**
analyse des écarts	**variance analysis**
analyse de sensibilité	**sensitivity analysis**
analyse différentielle	**incremental analysis**
analyse indiciaire	**ratio analysis**
analyse sectorielle	**segment analysis**
analyste financier	**financial analyst**
ancienneté	**seniority**
ancienneté d'un compte	**age of an account**
année civile	**calendar year**
année de référence	**base year**
année d'imposition	**taxation year**
annexe	**exhibit**
annexe des comptes annuels	**notes to financial statements**
annuité	**annual payment**
annuité de début de période	**annuity due**
annuité de fin de période	**annuity in arrears**
annuler	(*résilier*)**to cancel** ; (*effacer*) **to delete** ; (*un compte*) **to offset**
antidaté	**pre-dated**
appel de fonds	(*pour libérer le capital*) **call** ; (*pour renflouer*) **assessment**
appel de marge	**margin call**
appel d'offres	**call for tenders**
appellation commerciale	**trade name**
appel public à l'épargne	**public issue**
appointements	**pay ; salary**
apport	**contribution**
apport en espèces, en numéraire	**cash contribution**
apport en nature	**contribution in kind**
appréciation	**appraisal ; appreciation**
appréciation des risques	**risk assessment**
apprentissage	**training**
approche bilancielle	**asset liability approach**

approvisionnement	procurement ; reordering
après-vente	customers' after-sales service
apurement	(*d'une dette*) discharge ; (*des comptes*) discharge
arbitrage	arbitrage ; (*de litiges*) arbitration
arbitragiste	arbitrager, dealer
arbre de décision	decision tree
argent	money
argent en caisse	cash on hand
arrêt de travail	work stoppage
arrêté des comptes	closing ; financial year-end
arrêté intermédiaire (des comptes)	interim closing
arrêter les comptes	to close the accounts
arrêter un compte	to balance an account
arrhes	advance ; deposit
arriéré	arrears
arriéré d'intérêts	default interest
arriver à échéance	to fall due
article	item ; (*au journal*) journal entry
article en promotion	feature item ; sale product
articles manquants	inventory shortage
assemblée générale ordinaire	annual (general) meeting (of shareholders)
assemblée générale extraordinaire	special meeting of shareholders
assiette	base
assiette fiscale	tax basis
assistant	junior (accountant)
assistant confirmé	assistant senior
association (à but non lucratif)	non-profit organization
association philanthropique	charitable organization
association professionnelle	professional body
associé	partner
associé commanditaire	limited partner

associé commandité	general partner
assujettissement à l'impôt	tax liability
assurance	insurance
assurance-chômage	unemployment insurance
assurance collective	group insurance
assurance pertes d'exploitation	loss of profits insurance ; business interruption insurance
assurance crédit	credit insurance
assurance-invalidité	disability insurance
assurance-maladie	health insurance
assurance multirisques	comprehensive insurance
assurance en responsabilité civile	professional indemnity insurance
assurance perte d'exploitation	loss of profits insurance
assurance-rachat de parts d'associés	buy-out insurance
assurance sur la vie	life insurance
assurance tous risques	all risk insurance
assuré	insured
atelier	department ; workshop
atelier de fabrication	producing department
atelier d'usinage	machine tool department ; machine shop
atelier flexible	flexible manufacturing system
attestation (de l'expert-comptable)	audit compilation report
attestation de passif	liability certificate
attribuer	to allocate
audit	audit ; examination
audit des comptes	financial audit
audit interne	internal audit
audit légal	statutory audit
audit opérationnel	management audit
auditer	to audit
augmentation de capital	increase in capital ; capital increase

au pair	at par
autofinancement	internal financing ; self-financing
autonome	off-line
autorisation	authority
autorisation de crédit	line of credit
autorité fonctionnelle	staff authority
autorité hiérarchique	line authority
autres charges	miscellaneous expenses
autres créances	nontrade receivables
autres produits	miscellaneous revenue
aval	backing ; guarantee
avaliste	guarantor
avance	advance
avantage	benefit
avantage fiscal	tax benefit
avantages sociaux	fringe benefits ; (*compléments du salaire*) perquisites
avant impôt	pre-tax
avenant	rider
aversion pour le risque	risk aversion
avertissement (fiscal)	tax notice
avis	(*recommandation*) statement ; (*document*) notice
avit de débit	debit note
avoir	credit note

B

bail	lease
bailleur	landlord ; lessor
bailleur de fonds	lender
baisse des cours	decline in market prices
baisse de valeur	decline in value
baissier	bearish
balance	trial balance
balance après inventaire	adjusted trial balance
balance avant inventaire	preclosing trial balance
balance chronologique	aged trial balance
balance de clôture	post-closing trial balance
banque	bank
banque de données	data bank
banque et caisse (au bilan)	cash
banqueroute	bankruptcy
barème	price list ; statutory charges
base	base
base de données	database
bâtiments	buildings
bénéfice	(*avantage*) benefit ; (*comtable*) income
bénéfice avant frais financiers et impôts	profit before interest and tax (PBIT)
bénéfice avant impôts	earnings before taxes
bénéfice brut	gross margin
bénéfice comptable	book profit
bénéfice d'exploitation	operating income
bénéfice dilué par action	fully diluted earnings per share
bénéfice distribuable	distributable income
bénéfice hors exploitation	non-operating income
bénéfice imposable	taxable income
bénéfice net	income ; bottom line
bénéfice par action	earnings per share

bénéfices non distribués	retained earnings ; undistributed earnings
bénéficiaire	(*assurances*) beneficiary ; (*lettre de change*) payee
besoins de trésorerie	cash requirements
bien	asset ; property
bien amortissable	depreciable asset
bien immeuble	real estate ; real property
bien immobilisé	capital asset ; fixed asset ; capital item
bien incorporel	intangible asset
bien matériel	tangible asset
biens corporels	physical assets
biens de consommation	consumer goods
biens d'équipement	capital goods
biens fongibles	interchangeable goods
biens hors exploitation	non operating assets
biens sociaux	corporate assets
bilan	balance sheet
bilan consolidé	consolidated balance sheet
bilan d'ouverture	opening balance sheet
bilan prévisionnel	forcast(ed) balance sheet
bilan social	social accounting
billet à ordre	promissory note
billet de banque	bank note
billet de complaisance	accomodation paper
billet de trésorerie	commercial paper
billet productif d'intérêts	interest-bearing note
blanchiment d'argent	money laundering
bon	voucher
bon de commande	order card ; purchase order
bon de livraison	delivery slip
bon de réception	receiving slip
bon de sortie	(*matières*) material requisition
bon de souscription d'actions	stock warrant

bon de souscrition d'obligations	**bond warrant**
bon du Trésor	**treasury bill**
bordereau	**analysis slip ; summary slip**
bordereau de paiement	**remittance slip**
bourse (des valeurs)	**stock exchange**
bourse de marchandises	**commodity market**
branche d'activité	**industry segment**
brevet (d'invention)	**patent**
breveté	**patented**
brouillard	**day book**
brouillard de caisse	**petty cash book**
brut	**gross**
budget	**budget**
budget à base zéro	**zero-base budgeting**
budget de fonctionnement	**operating budget**
budget de production	**production budget**
budget des achats	**purchase budget**
budget des investissements	**capital budget**
budget des ventes	**sales budget**
budget de trésorerie	**cash budget**
budget flexible	**flexible budget**
budget global	**master budget**
budgétaire	**budgetary**
budgéter	**to budget**
bulletin de paye	**pay slip**
bureau	**office ; (*organe de direction*) executive committee**
bureau de ventes	**sales agency**
bureautique	**office technology**

C

cabinet d'expertise comptable	accounting firm
cadre	manager
cadre conceptuel	conceptual framework
cadre de direction	executive officer
cadre dirigeant	executive officer
cadre financier	financial officer
cadre fonctionnel	staff manager
cadre hiérarchique	line manager
cadres	middle management
cadres dirigeants	top management
cadres moyens	lower management
cahier des charges	specifications
caisse	cash ; cash on hand
caisse de retraite	pension fund
caisse enregistreuse	cash register
caisse noire	slush fund
calcul	calculation ; computation
calculette	pocket calculator
calendrier	schedule ; timing
calendrier de production	production schedule
calendrier des travaux d'audit	timing of auditing procedures
cambiste	broker ; dealer
camembert	pie chart ; circle chart (*fam.*)
camouflage (de bilan)	window dressing (*fam.*)
campagne de financement	fund raising campaign
canal de distribution	distribution channel
capacité	capacity
capacité bénéficiaire	earning power
capacité d'autofinancement	cash flow(s) from operating activities
capacité d'emprunt	borrowing power
capacité de production	capacity
capacité excédentaire	excess capacity

capacité inemployée	**idle capacity**
capacité maximale	**maximum capacity**
capital	**capital**
capital émis	**issued capital**
capital appelé	**called-up capital**
capital-décès	**lumpsum death benefit**
capital investi	**invested capital**
capital libéré	**paid-up capital**
capital minimum	**minimum capital**
capital non appelé	**uncalled capital**
capital risque	**venture capital**
capital social	**authorised capital**
capital souscrit	**subscribed capital**
capitalisation	(*incorporation d'intérêts au capital*) **capitalization** ; (*de versements à intérêt composé*) **compounding**
capitalisation boursière	**market capitalization**
capitalisation des bénéfices	**capitalization of earnings**
capitaliser	**to capitalize**
capitaux	**funds**
capitaux circulants	**working assets**
capitaux empruntés	**liabilities ; loan capital**
capitaux fixes	**fixed capital**
capitaux flottants	**hot money**
capitaux permanents	**invested capital**
capitaux propres	**owners' equity ; shareholders' equity**
capitaux propres négatifs	**shareholders' deficiency**
carnet de chèques	**cheque book**
carnet de commandes	**backlog**
carte de pointage	**clock card**
caution	**guarantee**
centre d'analyse	**responsibility centre**
centre de coûts	**cost centre**
centre de profit	**profit centre**

centre de regroupement de coûts	**cost pool**
centre de rentabilité	**investment centre**
centre de responsabilité	**responsibility centre**
centre d'investissement	**investment centre**
certificat d'action	**share certificate**
certificat de dépôt	**deposit certificate**
certification	**opinion ; opinion paragraph ; auditor's report ; auditors' opinion**
certification avec réserve	**qualified opinion**
certification sans réserve	**unqualified opinion**
cessation des paiements	**suspension of payments ; insolvency**
cession	**assignment ; disposal**
cession-bail	**sale and lease-back**
cession de créances	**assignment of receivables**
cession interne	**internal sale**
cessionnaire	**assignee**
chaîne de montage	**assembly line**
chaîne de valeur	**value chain**
chambre de compensation	**clearing house**
change	**foreign exchange**
changement de méthode comptable	**change in accounting policy**
charge	**revenue expenditure**
charge à payer	**accrued liability ;** (*désignant aussi produit à recevoir*) **accrual**
charge à répartir	**deferred charge**
charge ayant un effet sur la trésorerie	**cash expense**
charge calculée	**estimated expense**
charge constatée d'avance	**deferred asset**
charge fiscale	**tax burden**
charge payée d'avance	**deferred charge ; deferred expense**

charge de retraite	pension expense
charge d'impôt (annuel)	income tax expense
charge d'intérêt	interest expense
charge fixe	fixed charge
charge non déductible	disallowed deduction
charge reportée	deferred charge
charge supplétive	imputed cost
charges abonnées	accruals
charges communes	common costs
charges constatées d'avance	prepaid expenses
charges d'approvisionnement	buying expenses
charges de personnel	salaries and fringe benefits
charges de publicité	advertising expenses
charges d'exploitation	expenses ; operating expenses
charges directes	direct costs
charges du siège social	corporate expenses
charges et produits exceptionnels	unusual items ; extraordinary items
charges et produits sur exercices antérieurs	prior period adjustments
charges financières	financial expenses
charges fixes	fixed costs
charges indirectes	overhead
charges indirectes fixes	fixed overhead
charges indirectes imputées	applied overhead
charges indirectes non imputées	unabsorbed overhead
charges indirectes sous-imputées	underabsorbed overhead
charges indirectes surimputées	excess absorption of overhead
charges locatives	rental expenses
charges payées d'avance	prepaid expenses
charges semi-variables	semi-variable costs
charges sociales	fringe benefits ; payroll taxes
charges spécifiques	specific costs
charges variables	variable costs

chef comptable	**chief accountant**
chemin critique	**critical path**
chemin de révision	**audit trail**
chèque	**cheque ; (*formule de chèque*) blank cheque ; (*US*) check**
chèque au porteur	**bearer cheque**
chèque barré	**crossed cheque**
chèque certifié	**certified cheque**
chèque en blanc	**blank cheque**
chèque sans provision	**overdrawn cheque ; not sufficient funds cheque (NSF)**
chéquier	**cheque book**
chevalier blanc	**white knight**
chiffrage	**costing**
chiffre	**figure**
chiffre d'affaires	**sales ; (*GB*) turnover**
chiffre d'affaires brut	**gross sales**
chiffre d'affaires consolidé	**consolidated sales figure**
chiffre d'affaires critique	**break-even point**
chiffre d'affaires net	**net sales**
chiffres correspondants (de l'année précédente)	**comparatives figures**
choix des investissements	**capital budgeting**
circuit de distribution	**distribution system ; distribution network**
circularisation	**circularization**
circulariser	**to circularize**
classement	**classification**
classement par antériorité	**ageing**
classement par fonction	**functional classification**
classement par nature	**classification by nature**
classer	**to file**
clause de non-concurrence	**covenant not to compete**
clause de réserve de propriété	**title retention clause**
clause de résiliation	**cancellation clause**
clause d'indexation	**escalator clause**

clause limitative de responsabilité	**limitation of liability clause**
clause (restrictive)	**covenant**
clé de répartition	**cost allocation base**
clientèle	**clientele ; patronage ; (*d'un cabinet*) practice**
client potentiel	**prospect**
clients	**trade accounts receivable**
clients et autres créances	**trade and other accounts receivable**
clos le	**ended on**
clôture (de l'exercice)	**closing**
clôturer (les livres)	**to close (the books)**
clôturer à la hausse	**to close at rising prices**
clôturer un compte	**to balance an account**
co-commissaires aux comptes	**joint auditors**
co-commissariat aux comptes	**joint audit**
code à barres	**bar code**
code de déontologie	**code of ethics**
codification des comptes	**coding of accounts**
coefficient	**ratio**
coefficient de capitalisation des bénéfices	**price/earnings ratio**
coefficient de conversion	**conversion rate**
coefficient de dispersion	**coefficient of variation**
coefficient de liquidité immédiate	**cash ratio**
coefficient de rotation	**turnover**
coefficient de rotation de l'actif immobilisé	**fixed assets turnover**
coefficient de rotation de l'actif net à court terme	**working capital turnover**
coefficient de rotation des comptes clients	**accounts receivable turnover**
coefficient de rotation des stocks	**inventory turnover**

coefficient d'imputation des charges indirectes	**overhead rate**
cogestion	**participative management ; joint management**
cohérence	**coherence**
collecte de fonds	**fund raising campaign**
combinaison	**mix**
comité d'audit	**audit committee**
comité de direction	**executive committee**
commande	**order ; purchase order**
commande à façon	**custom order**
commandes en attente	**backlog**
commanditaire	**limited partner**
commandité	**general partner**
commerçant	**merchant**
commerce	**business enterprise**
commercialisation	**marketing**
commis aux écritures	**bookkeeper**
commissaire aux comptes	**statutory auditor**
commission	(*de représentant*) **commission ;** (*d'engagement*) **commitment fee ;** (*de garantie*) **guarantee fee**
communication de l'information de gestion	**internal reporting**
communication de l'information financière	**financial reporting**
compagnie d'assurances	**insurance company**
comparabilité	**comparability**
comparaison	**crosschecking**
compatibilité	**compatibility**
compatible	**compatible**
compensation	**clearing**
compenser	**to offset ; to net off**
comportement des coûts	**cost behaviour**
composition du chiffre d'affaires	**sales mix**

Français	Anglais
compréhensibilité	**understandability**
compressions budgétaires	**budgetary cuts**
comprimer les dépenses	**to cut expenditures**
compromis	**trade-off**
comptabilisation	**recognition**
comptabilisation des charges	**expense recognition**
comptabilisation des produits	**revenue recognition**
comptabilisation en fonction de l'avancement des travaux	**percentage of completion method**
comptabiliser	**to account for ; to enter**
comptabilité	(*sens général*) **accounting ;** (*sens étroit*) **bookkeeping ;** (*science*) **accountancy ;** (*organisation*) **accounting system**
comptabilité à la valeur actuelle	**current value accounting**
comptabilité analytique	**cost accounting**
comptabilité au coût historique	**historical cost accounting**
comptabilité au coût historique indexé	**general price-level accounting**
comptabilité de gestion	**management accounting**
comptabilité de la paie	**payroll accounting**
comptabilité d'engagements	**accrual accounting ; accruals ; commitment (basis of) accounting**
comptabilité des ressources humaines	**human ressources accounting**
comptabilité des succursales	**branch accounting**
comptabilité d'inflation	**accounting for inflation**
comptabilité en partie double	**double entry bookkeeping**
comptabilité financière	**financial accounting**
comptabilité générale	**financial accounting**
comptabilité imaginative	**creative accounting**
comptabilité industrielle	**cost accounting**
comptabilité nationale	**national income accounting**

comptabilité par activités	activity-based costing
comptabilité par décalque	one-write system ; carbon-copy system
comptabilité publique	government accounting
comptable	accountant
comptable de	accountable for
comptable de coûts de revient	cost accountant
comptage	physical count
comptant	cash ; spot
compte	account ; (*compte courant*) current account
compte à découvert	overdrawn account
compte bancaire	bank account
compte client douteux	doubtful account
compte collectif	control account
compte courant	current account
compte créditeur	account payable
compte d'attente	suspense account
compte débiteur	account receivable
compte de contrepartie	contra account
compte de liquidation	realization account
compte de passage	clearing account
compte de provision pour dépréciation	depreciation provision account
compte de résultat	income statement
compte de résultat en compte	horizontal presentation income statement
compte de résultat en liste	vertical presentation income statement
compte de résultat prévisionnel	forecast(ed) income statement
compte de retraits	drawing account
compte détaillé	itemized account
compte de tiers	personal account
compte d'exploitation générale	operating statement

compte en T	T-account
compte intersociétés	intercompany account
compte non soldé	open account
compte rendu	report
compte soldé	closed account
compter	to count
comptes	(*support*) books of account ; (*comptes annuels*) accounts, financial statements
comptes analytiques	cost accounts
comptes annuels	annual financial statements
comptes clients	(trade) accounts receivable
comptes consolidés	consolidated financial statements
comptes de bilan	balance sheet accounts
comptes de gestion	operating accounts
comptes de groupe	group accounts
comptes de liaison	reciprocal accounts
comptes de régularisation	accruals
comptes de stocks	inventory records
comptes établis en monnaie étrangère	foreign currency financial statements
comptes individuels	personal accounts
comptes individuels de la société-mère	parent company's financial statements
comptes intragroupe	intercompany accounts
comptes prévisionnels	budgeted financial statements ; forecast(ed) financial statements
comptes pro-forma	pro-forma financial statements
comptes réciproques	(*entre sociétés du groupe*) intercompany accounts
comptes sociaux	annual financial statements
comptes trimestriels	quarterly financial statements
concentration	integration
concentration horizontale	horizontal business combination

concentration verticale	**vertical business combination**
concordance	**consistency**
concordance des échéances	**matching of maturities**
concordat	**creditors' arrangement**
concurrence	**competition**
conditionnement	**packaging**
conditions	**terms and conditions**
conditions d'admission	**eligibility requirements**
conditions de livraison	**delivery conditions**
conditions de paiement	**terms of payment**
conditions de règlement	**credit terms**
conditions d'introduction en bourse	**listing requirements**
confiance	(*dans l'organisation*) **reliance (on)**
confidentialité	**confidentiality**
confirmation	**confirmation**
conformité	(*à des normes*) **conformance**
congés payés	**vacation pay**
conglomérat	**conglomerate company**
connaissement	**bill of lading**
conseil d'administration	**board of directors**
conseil de direction	**executive committee**
conseil de gestion	**management consulting**
conseiller fiscal	**tax consultant**
conseiller juridique	**legal adviser**
consentir un prêt	**to grant a loan**
consigne	(*pour un emballage*) **deposit**
consolidation	**consolidation**
consolidation globale	**full consolidation acquisition method**
consolidation proportionnelle	**proportional consolidation**
consortium	**consortium ; pool**
consortium financier	**syndicate**
constatation	(*comptable*) **recognition**
constitution	(*d'une société*) **incorporation**

constructions	**buildings**
continuité (permanence des méthodes)	**consistency**
contrat	**contract**
contrat à terme	**forward contract**
contrat à terme de marchandises	**commodity futures contract**
contrat à terme de taux d'intérêt	**interest rate futures contract**
contrat à terme d'instrument financier	**financial futures (contract)**
contrat d'entretien	**service contract**
contrat de société	**company agreement**
contrat de sous-traitance	**sub-contract**
contrat de travail	**employment contract**
contrat de vente	**bill of sale**
contrat synalagmatique	**indenture**
contre-OPA	**counter-offer**
contre-remboursement	**cash on delivery (COD)**
contre-vérification	**cross-checking**
contribuable	**taxpayer**
contrôle	(*vérification*) **audit** ; (*du bon fonctionnement*) **check** ; (*d'une société*) **control**
contrôle budgétaire	**budgetary control**
contrôle conjoint	**joint control**
contrôle de conformité	**compliance procedure**
contrôle de droit	**de jure control**
contrôle de fait	**de facto control**
contrôle de gestion	**management control**
contrôle de qualité	**quality control**
contrôle des comptes	**financial audit**
contrôle des stocks	**inventory control**
contrôle de vraisemblance	**reasonableness check**
contrôle exclusif	**control**
contrôle final	**year-end audit**
contrôle fiscal	**tax audit**

contrôle indiciaire	(*méthode des ratios*) **ratio analysis**
contrôle intermédiaire	**interim audit**
contrôle interne	**internal control**
contrôle légal des comptes	**statutory audit**
contrôle opérationnel	**operational control**
contrôle par sondages	**audit test**
contrôle physique	**physical examination**
contrôle préalable	**pre-audit**
contrôler	(*vérifier*) **to check** ; (*pour exprimer une opinion*) **to examine** ; (*grâce à des pièces justificatives*) **to vouch**
contrôleur	**controller**
contrôleur de gestion	**management accountant**
convention collective	**labour agreement**
conventions comptables	**accounting policies ; accounting assumptions**
conversion	**conversion ; translation**
conversion de monnaie étrangère	**conversion of foreign currency**
conversion d'états financiers (établis dans une monnaie étrangère)	**translation of foreign currency**
conversion d'obligations	**bond conversion**
convertible	**convertible**
copie	**duplicate**
copie de sauvegarde	(*informatique*) **backup copy**
copie papier	**hard copy ; print-out**
coquille vide	**shell company**
correction	**adjustment**
cotation	**quotation**
cote (boursière)	**securities listing**
coter	**to quote**
cotisation	**contribution**
cotisations patronales	**employers' contribution**
cotisations salariales	**employees' contribution**

cotiser	to contribute
coupon attaché	cum rights ; cum dividend ; cum div.
coupon détaché	ex rights
coupon d'intérêt	interest coupon
coupure de l'exercice	cut-off
courbe d'apprentissage	learning curve
courbe de Gauss	normal curve
cours de bourse	quoted market price
cours de clôture	(*en bourse*) closing price ; (*pour traduire des comptes établis dans une devise étrangère*) current (exchange) rate
courtage	brokerage
courtier	(*intermédiaire*) broker ; (*exécuteur d'ordres*) representative
courtier en marchandises	commodity brocker
coût	cost
coût actuel	current cost
coût affecté	applied cost
coût budgeté	budgeted cost
coût commun	joint cost
coût complet	absorption costing
coût contrôlable	controllable cost
coût d'achat	cost ; cost price
coût d'achat des marchandises vendues	cost of goods sold
coût de cession	transfer price
coût de contrôle	(*pour respecter des normes de qualité*) appraisal cost ; (*pour superviser les opérations*) monitoring cost
coût de fabrication	production cost
coût de main d'œuvre	labour cost
coût de matière directe	direct material cost

coût de la sous-activité	idle capacity cost ; unabsorbed overhead
coût de transaction	transaction cost
coût de remplacement	replacement cost
coût de renonciation	opportunity cost
coût de revient	cost
coût de revient complet	absorption costing
coût de sous-activité	idle capacity cost
coût de stockage	storage cost
coût de structure	capacity cost
coût des ventes	cost of goods sold
coût d'exécution d'une commande	order-completion cost
coût différentiel	incremental cost
coût du capital	cost of capital
coût historique	historical cost
coût imputé	applied cost
coût incompressible	unavoidable cost
coût irrécupérable	sunk cost
coût marginal	marginal cost
coût moyen pondéré du capital	weighted average cost of capital
coût moyen (unitaire)	average (unit) cost
coût pertinent	relevant cost
coût préétabli	standard cost
coût rationnel	normal cost
coût réel	actual cost
coût réparti	allocated cost ; imputed cost
coût standard	standard cost
coût unitaire	unit cost
coûts communs	common costs
coûts d'approvisionnement	buying expenses
coûts incorporables	product costs
coûts indirects	overhead
coûts indirects fixes	fixed overhead
coûts indirects variables	variable overhead
coûts non incorporables	period costs

coûts par activités	**activity-based costing**
couverture (opérations de)	**hedging**
couverture de change	**cover**
couverture des charges fixes	**fixed-charge coverage**
créance	(*au bilan*) **account receivable ;** (*droit d'exiger l'exécution d'une obligation*) **claim**
créance de premier rang	**senior debt**
créance de second rang	**subordinate(d) debt**
créance douteuse	**doubtful account**
créance hypothécaire	**mortgage loan receivable**
créance irrécouvrable	**bad debt**
créance litigieuse	**contested claim**
créances d'exploitation	**trade receivables**
créances diverses	**non-trade receivables**
créancier	**creditor**
créancier obligataire	**bondholder**
créancier ordinaire	**unsecured creditor**
créancier privilégié	**preferred creditor**
crédit	**credit**
crédit à court terme	**short term credit**
crédit à la consommation	**consumer credit**
crédit à tempérament	**instalment credit**
crédit autorisé	**line of credit**
crédit-bail	**leasing**
crédit bancaire	**bank loan**
crédit de campagne	**seasonal credit**
crédit de trésorerie	**cash credit**
crédit d'impôt	**tax credit**
crédit foncier	**real estate credit**
crédit relais	**bridging loan**
crédit renouvelable	**revolving credit**
crédits croisés	**swap facilities**
créditer	**to credit**
créditeur	(*pour un solde*) **payable**
créneau	**niche**
critères de comptabilisation	**recognition criteria**

croissance	**growth ; (*attribuable à des causes naturelles*) accretion**
cumul jusqu'à ce jour	**year to date**
cycle de fabrication	**production cycle**
cycle des achats	**acquisition and payment cycle**
cycle des ventes	**sales and collection cycle**
cycle de vie du produit	**product life cycle**
cycle d'exploitation	**operating cycle**

D

date d'arrêté des comptes	**cut-off date**
date de clôture de l'exercice	**balance sheet date**
date de liquidation	**settlement date**
date d'opération	**transaction date**
date d'entrée en vigueur	**effective date**
date de valeur	**value date**
date d'échéance	**maturity date**
date d'exigibilité	**date of maturity ; due date**
date limite	**dead-line**
débit	**debit**
débiter	**to debit**
débiteur	**(*celui qui doit*) debtor ; (*pour un compte*) receivable**
débiteur défaillant	**delinquent debtor**
débiteurs	**accounts receivable**
déboucler une position	**to close out a position**
débudgétisé	**non-budgetary**
décaissement	**disbursement**
décaissements	**cash outflows**
décentralisation	**decentralization**
déchet	**waste ; scrap**
décision de fabriquer ou d'acheter	**make-or-buy decision**
déclaration de passif	**liability certificate**

déclaration de revenus	tax return
déclaration en douane	customs declaration
déclaration erronée	misstatement
déclaration fiscale	tax return
découvert autorisé	cash credit
découvert (bancaire)	(bank) overdraft
déductible	(*pour le calcul du revenu imposable*) deductible
déduction d'impôt	tax deduction
déduction forfaitaire	standard deduction
défaut de paiement	dishonour ; failure to pay
déficit	(*perte*) deficit, loss ; (*insuffisance*) shortage
déficit accumulé	accumulated deficit
déficit budgétaire	budgetary deficit
déficit de caisse	cash shortage
déficit de l'exercice	annual deficit
déficitaire	(*fam.*) in the red
définition d'emploi	job description
défraiements	out-of-pocket costs
degré de confiance	confidence level ; (*dans les contrôles*) degree of reliance
degré d'endettement	leverage ; gearing
degré de solvabilité	credit standing
dégrèvement fiscal	tax credit
délai d'approvisionnement	lead time ; replenishment time
délai de livraison	delivery lead time
délai de mise en œuvre	processing lead time
délai de paiement	term of payment
délai de récupération	payback period
délai de récupération actualisé	dicounted payback period
délai moyen de règlement des clients	collection period of receivables ; number of day's sales in average receivables
délai moyen de règlement des fournisseurs	number of days' purchases in average payables
délai moyen de rotation des stocks	number of days' sales in average inventory

délégation de pouvoir	**delegation of authority**
délimitation d'un audit	**audit scope**
délit	**tort**
délit d'initié	**insider trading**
demande d'achat	**purchase requisition**
demande de confirmation bancaire	**bank confirmation**
demande de prêt	**loan application**
demande de renseignement	**inquiry**
démarque	**mark down**
démarque inconnue	**inventory shortage** ; (*vol à l'étalage*) **shoplifting**
démarquer	**to mark down**
démission	**resignation**
dénomination sociale	**corporate name ; firm's name**
dénouer une position	**to close out a position**
denrée	**commodity**
déontologie	**ethics ; rules of professional conduct**
départ usine	**ex-works**
dépassement de coûts	**cost overrun**
dépassement de crédit	**over-expenditure**
dépense	**expenditure**
dépense de fonctionnement	**operating expenditure**
dépense immobilisée	**capitalized expenditure**
déplacement	**transfer**
déposer son bilan	**to go bankrupt**
dépôt	**deposit**
dépôt de garantie	(*dans les opérations à terme*) **margin** ; (*en matière de loyers*) **security deposit**
dépréciation	(*par rapport à la valeur réelle*) **allowance, loss in value** ; (*attribuable à des phénomènes techniques*) **depreciation** ; (*en raison de causes naturelles ou de l'usage*) **wear and tear**

dépréciation monétaire	**depreciation of money**
déréglementation	**deregulation**
dérogation aux principes comptables généralement admis	**departure from GAAP**
désendettement	**defeasance**
désendettement de fait	**in-substance defeasance**
désintermédiation financière	**financial disintermediation**
désinvestissement	**disinvestment**
destinataire	**recipient**
désuétude	**obsolescence**
détaillant	**retailer**
détournement de fonds	**defalcation ; embezzlement**
dette	**debt ; account payable**
dette éventuelle (ou probable)	**contingent liability**
dettes	**liabilities**
dettes à court terme	**current liabilities**
dettes à long terme	**long-term liabilities**
dévaluation d'une monnaie	**devaluation of a currency**
dévaluer	(*enregistrer comptablement une diminution de valeur*) **to write down**
devis	**estimate**
devise	**foreign currency**
devise faible	**soft currency ; weak currency**
devise forte	**strong currency ; hard currency**
diagnostic	**business review**
diagnostic financier	**financial analysis**
diagramme	**chart**
diagramme de circulation	**flow chart**
différence d'inventaire	**inventory difference**
différence de change	**exchange adjustment**
différentiel	**incremental**
difficultés financières	**financial difficulties**
diligence normale	**due care**
dilution	**dilution**

diminuer les dépenses	**to cut expenditures**
diminution (de volume)	**shrinkage**
directeur	**director ; manager**
directeur adjoint	**assistant director**
directeur commercial	**sales manager ; marketing director**
directeur des services comptables	**chief accountant**
directeur de succursale	**branch manager**
directeur financier	**chief financial officer**
directeur général	**chief executive officer**
directeur général adjoint	**executive vice president**
directeur régional	**district manager**
direction	**management**
direction commerciale	**sales department**
direction générale	**top management**
direction par objectifs	**management by objectives**
Directive européenne	**European Directive**
directives	**guidelines**
directoire	**executive committee**
dirigeant	**manager ; officer**
dirigeant d'entreprise	**businessman ; corporate executive**
discordance	(*discontinuité dans l'application de principes comptables*) **inconsistency**
disponibilités	**cash ; (*au bilan*) cash assets**
distributeur automatique de billets	**automated cash dispenser**
distribution de fréquences	**frequency distribution**
distribution de Gauss	**normal distribution**
distribution de probabilités	**probability distribution**
dividend	**dividend**
dividende à payer	**dividend payable**
dividende attaché	**cum-dividend ; cum div**
dividende détaché	**ex-dividend ; ex-div**
dividende en actions	**stock dividend**

dividende supplémentaire	**extra dividend**
division comptable	**accounting unit**
division d'actions	**stock split**
divulgation	**disclosure**
doctrine comptable	**accounting literature**
document commercial	**voucher**
document de base	**source document**
document de travail	**work sheet**
document justificatif	**transaction voucher**
documents annexes (aux états financiers)	**notes to financial statements**
documents commerciaux	**business papers**
documents comptables	(*journaux, comptes, etc.*) **accounting records**
documents de synthèse	**financial statements**
documents de travail	**working papers**
documenter	**to document**
dommages-intérêts	**indemnity**
don	(*à une œuvre de bienfaisance*) **charitable gift ; subscription**
donation	**donation**
donner une image fidèle	**to give a true and fair view**
donneur d'ordres	(*dans la construction*) **prime contractor ;** (*dans l'industrie*) **prime manufacturer**
dosage	**mix**
dossier	**file**
dossier de crédit	**credit file**
dossier permanent	**permanent file**
dossiers de révision	**audit files**
dotation	**allocation** (*to a provision*) **; allowance**
dotation à la provision pour créances douteuses	**bad debt expense ; allowance for doubtful accounts**
dotation à la provision pour garanties	**warranty expense**

dotation aux amortissements	(*des immobilisations incorporelles* **amortization expense** ; (*des immobilisations corporelles*) **depreciation expense ; depreciation allowance**
dotation aux provisions	**estimated expense**
dresser l'inventaire	**to take stock (of the situation)**
droit	(*taxe*) **duty** ; (*redevance*) **royalty**
droit au bail	**leasehold**
droit coutumier	**common law**
droit d'auteur	**copyright**
droit de préemption	**right of first refusal**
droit de propriété	**ownership**
droit des affaires	**business law**
droit de souscription	(*lié à une action*) **share right**
droits d'enregistrement	**registration fees**
droits de propriété industrielle et commerciale	**trademark rights**
droits d'inscription	**registration fees**
durée	(*d'un contrat*) **term**
durée amortissable	**depreciable life**
durée d'utilisation	**useful life**
durée d'utilisation prévue	**estimated useful life**
durée moyenne du cycle d'exploitation	**total conversion period**
durée moyenne du stockage	**number of days' sales in average inventory**

E

écart	(*par rapport à une norme*) **deviation** ; (*entre un cours acheteur et un cours vendeur*) **spread** ; (*entre un coût préétabli et un coût réel*) **variance**
écart budgétaire	**budget variance**
écart d'acquisition	(*dans les comptes consolidés*) **consolidated goodwill ; goodwill on acquisition**
écart défavorable	**unfavorable variance**
écart de première consolidation	**purchase (price) discrepancy**
écart de rendement	**efficiency variance**
écart d'inventaire	**inventory difference**
écart d'inventaire négatif	**inventory shortage**
écart d'inventaire positif	**inventory overage ; inventory excess**
écart réel sur quantité de main d'œuvre	**labour yield variance**
écart réel sur quantité de matières	**material yield variance**
écart sur activité	**volume variance**
écart sur activité commerciale	**sales-volume variance**
écart sur budget	**budget variance**
écart sur budget des charges indirectes	**spending variance**
écart sur budget des charges indirectes fixes	**fixed overhead spending variance**
écart sur budget des charges indirectes variables	**variable overhead spending variance**
écart sur composition des ventes	**sales-mix variance**
écart sur coût	**price variance**

écart sur taux horaire de la main d'œuvre	**labour rate variance**
écart sur coût des matières	**material price variance**
écart sur prix	**price variance**
écart sur quantité de main d'œuvre	**labour efficiency variance**
écart sur quantité des matières	**material efficiency variance**
écart sur rendement	**variable overhead efficiency variance**
écart sur temps de main d'œuvre	**labour efficiency variance**
écart sur utilisation de la main d'œuvre	**labour usage variance**
écart-type	**standard deviation**
écarts de conversion	**unrealized exchange gains or losses**
écarts sur coûts de la main d'œuvre directe	**labour variances**
écarts sur coûts des matières	**material variances**
écarts sur coûts indirects	**overhead variances**
écarts sur coûts préétablis	**standard cost variances**
écarts temporaires	**temporary differences**
échange	**swap**
échange de devises	**currency swap**
échange de données informatisées	**electronic data interchange**
échange de taux d'intérêt	**interest (rate) swap**
échanger	**to swap**
échantillon	**sample**
échantillon représentatif	**representative sample**
échantillonnage	**sampling**
échéance	**deadline ; (*date*) maturity**
échoir	**to fall due**
échu	**overdue ; past due**
économies d'échelle	**economies of scale**
écriture (comptable)	**entry**

écriture d'annulation	elimination entry
écriture d'élimination (en consolidation)	intercompany elimination
écriture de clôture	closing entry
écriture de contrepassation	reversing entry
écriture de journal	journal entry
écriture de régularisation	adjusting entry
écriture sans justificatif	blind entry ; non-supported entry
écritures de regroupement (fin d'exercice)	closing entries
effet au porteur	bearer bill
effet de commerce	commercial paper
effet de complaisance	accommodation paper
effet de levier	leverage
effet escompté non échu	note receivable discounted
effet financier	financial paper
effets à payer	notes payable
effets à recevoir	notes receivable
efficacité	effectiveness
efficience	cost effectiveness ; efficiency
élément	item
élément d'actif	asset
élément de passif	liability
élément probant	evidence
éléments d'actif hors exploitation	redundant assets
emballage	container ; packaging
emballage à rendre	returnable container
emballage perdu	non-returnable container
émettre	to issue
émission d'actions	share issue
émission d'obligations	bond issue
emploi à plus d'un an	long-term borrowing
emplois des fonds	application of funds
emprunt	borrowing
emprunt à moins d'un an	short-term borrowing

emprunt d'Etat	**government bond**
emprunt hypothécaire	**mortgage loan**
emprunt obligataire	**bonded debt**
encadrement du crédit	**credit squeeze**
encaisse	**cash ; cash on hand ; funds**
encaisser	**to cash in ; to collect**
en-cours de crédit	**credit outstanding**
en-cours (de production)	**goods in progress**
endos	**endorsement**
engagement	**commitment**
engagement donné (hors bilan)	**off-balance sheet liability**
engagement reçu (hors bilan)	**off-balance sheet asset**
engagements financiers	**financial commitments**
engagements hors bilan	**off-balance sheet commitments**
engager (une dépense)	**to incur**
énoncé de principes	**statement of principles**
enquête	(*sur le terrain*) **investigation ;** (*étude*) **survey**
enregistrement comptable	**entry**
en-tête	**heading**
entité	**economic unit**
entrée en vigueur	**effective date**
entrepôt	**warehouse**
entreprise	**business enterprise, enterprise ;** (*société*) **company ;** (*groupe de personnes*) **organization ;** (*activité*) **undertaking**
entreprise en difficulté	**financially troubled business**
entreprise en exploitation	**operating company**
entreprise individuelle	**sole trader**
entreprise industrielle	**manufacturing concern**
entreprise saine	**healthy business**
entretien	**maintenance**

enveloppe budgétaire	budget allowance
épargnant	investor
erreur	error
erreur de calcul	clerical error
escompte	discount
escompte commercial	bank discount
escompte de règlement	cash discount
espèces	coinage ; money
espèces et valeurs assimilées	cash and cash equivalents
estimation	appraisal ; (*comptable*) estimate
établissement	business enterprise ; entity ; establishement
établissement de crédit	lending institution
étaler	to spread
étalon	yardstick ; (*point de repère*) benchmark
état	statement
état comparatif	comparative statement
état de rapprochement	reconciliation (of accounts)
état de rapprochement bancaire	bank reconciliation
état des encaissements et décaissements	statement of receipts and disbursements
état des recettes et dépenses	statement of revenue and expenditure
état dressé en pourcentages	common-size statement
états financiers	financial statements
états financiers consolidés	consolidated financial statements
états financiers du groupe	group accounts
états financiers individuels	individual entity's financial statements
états financiers individuels de la société-mère	parent company's financial statements
états financiers intermédiaires	interim financial statements

états financiers pro forma	**pro forma financial statements**
états financiers provisoires	**draft financial statements**
états financiers trimestriels	**quarterly financial statements**
états financiers prévisionnels	**budgeted financial statements**
étiquetage	**labelling**
étiquette	**label ; tag**
étude defaisabilité	**feasibility study**
étude de rentabilité	**profitability study**
étude préalable à l'acquisition	**purchase investigation**
évaluation	(*par un expert*) **appraisal** ; (*à des fins fiscales*) **assessment** ; (*de certains actifs*) **costing, pricing** ; (*pour présenter le bilan*) **measurement** ; (*jugement sur la valeur*) **valuation**
évaluation de performance	(*d'une personne*) **performance review** ; (*de résultats avec des critères précis*) **performance appraisal**
évaluation d'entreprise	**business valuation**
évaluer	**to price ; to value ; to assess**
événement	**event**
événement postérieur à la clôture	**subsequent event**
éventualité	**contingency**
examen analytique	**analytical review**
examiner	**to examine**
examiner des états financiers	**to examine financial statements**
examiner de façon détaillée	**to scrutinize**
examiner sommairement	**to scan**
excédent	**surplus**
excédent budgétaire	**budgetary surplus**
exécuter une commande	**to fill an order**
exemplaire	**copy**

exempt de droits	duty free
exempt d'impôt	tax free
exercice (comptable)	fiscal year ; (*en cours*) current year
exercice antérieur	prior period
exercice ultérieur	subsequent period
exhaustivité	completeness
exigible	payable
exonération d'impôt	tax exemption
expert	specialist ; (*en évaluation*) appraiser
expert-comptable	public accountant ; (*US*) certified public accountant (CPA) ; (*GB*) chartered accountant
expertise	appraisal ; expertise ; (*mission*) investigation
expertise comptable	professional accounting
expertiser	to value
exposé	presentation ; statement
exposé-sondage	exposure draft
exprimer une réserve	to qualify
extrait de compte	statement of account

F

fabricant	**manufacturer**
fabrication	**manufacturing ; production**
facilités de caisse	**cash credit**
facilités de crédit	**credit facilities**
facilités de paiement	**purchase payment terms ; terms of payment**
facturable	**chargeable**
facturation	**billing, invoicing**
facture	**bill ; invoice**
facture pro forma	**pro-forma invoice**
facturer	**to bill ; to invoice**
faillite	**bankruptcy ; (*en faillite*) bankrupt**
faillite frauduleuse	**fraudulent bankruptcy**
faire confirmer (des créances, des dettes)	**to circularize**
faire faillite	**to go bankrupt**
faire opposition à un chèque	**to stop payment on a cheque**
faire payer	**to charge**
fait	**event**
faits marquants	**highlights**
falsification	**forgery**
falsifier (un document)	**to forge**
famille de produits	**product-line**
faux frais	**incidental expenses**
fermer les livres	**to close the books**
feuille de présence	**attendance sheet**
feuille de temps	**time sheet**
feuille de travail	**work sheet**
fiabilité	**reliability**
fiche de paie	**pay slip**
fiche de stock	**inventory card**
fichier	**file ; (*en comptabilité*) record**
fichier d'adresses	**mailing list**

fichier des comptes-clients	**accounts receivable master file**
fichier des comptes-fournisseurs	**accounts payable master file**
fichier des immobilisations	**fixed assets master file**
fidélité	**loyalty ; fairness**
fidélité à la marque	**brand loyalty**
fiduciaire	**trustee**
fiducie	**trust**
filiale	**subsidiary**
filiale à 100 %	**wholly-owned subsidiary**
filiale commune	**joint-venture**
finance	**finance**
financement	**funding**
financement sans effet sur le bilan	**off-balance sheet financing**
financer	**to finance ; to fund**
financier	**financial**
firme	**business enterprise**
fisc	**tax authorities**
fiscaliste	**tax specialist**
fiscalité	**taxation**
flottant	**float**
fluctuations des prix	**price-level changes**
flux de trésorerie	**cash flow(s)**
flux de trésorerie provenant de l'exploitation	**cash flow(s) from operating activities**
flux de trésorerie provenant des activités de financement	**cash flow(s) from financing activities**
flux de trésorerie provenant des activités d'investissement	**cash flow(s) from investing activities**
fonction	**(*poste*) position, function ; (*emploi*) occupation**
fondateur	**incorporator ; founder**
fondé de pouvoir	**power of attorney ; proxy**
fonds associatif	**accumulated surplus**
fonds commercial	**goodwill**
fonds commun de placement	**mutual fund**

fonds de commerce	business
fonds de roulement	working capital
fonds de roulement négatif	working capital deficiency
fonds propres	capital ; owners' equity ; shareholders' equity
force de vente	sales force
formation continue	continuing education ; professional development
formation des cadres	executive development
formation en entreprise	in-house training
formation extérieure à l'entreprise	external training programme
formation sur le tas	on-the-job training
formulaire	form
formulaire de demande	application form
formule de chèque	cheque specimen
fourchette	range
fourchette de prix	price range
fournisseur	supplier
fournisseurs (comptes)	accounts payable ; trade accounts payable
fournitures	supplies
fournitures consommables	indirect material(s)
fournitures de bureau	office supplies
frais	expenses
frais accessoires	incidental expenses
frais administratifs	administrative expenses
frais communs	common costs
frais d'actes	legal fees ; stamp duty
frais d'approvisionnement	buying expenses
frais d'augmentation de capital	share issue expenses
frais de commercialisation	selling expenses
frais de banque	bank charges
frais de conception	design expenses
frais de constitution	incorporation expenses ; organization costs (*ou* expenses)

frais de démarrage	start-up costs
frais de déplacement	travelling expenses
frais de maintenance	maintenance charges
frais de mise au point	set-up costs
frais de personnel	salaries and fringe benefits
frais de publicité	advertising expenses
frais de réception	entertainment expenses
frais de recherche et développement	research and development expenses
frais de recouvrement	collection charges
frais de représentation	entertainment expenses
frais de siège	head-office expenses
frais d'emprunt	cost of borrowing
frais d'établissement	preliminary expenses ; initial expense
frais de transport	transportation expenses
frais d'exploitation	operating expenses
frais divers	sundry expenses
frais financiers	finance charges ; financial expenses
frais généraux	general expenses
frais payés d'avance	prepaid expenses
franchisage	franchising
franco	prepaid
fraude	fraud
fraude fiscale	tax evasion
fraude par tirage à découvert	kiting
freinte	inventory shrinkage
fuite des capitaux	capital evasion
fusion	business combination ; (*par création d'une nouvelle société* amalgamation
fusion-absorbtion	merger
fusion-absorbtion par une filiale	downstream merger
fusionner	to merge

G

gage	**pledge**
gager	**to pledge**
gain	**gain**
gain fictif	**illusory profit**
gain de change	**exchange gain**
gamme de produits	**product range**
garantie	(*du fabricant ou du vendeur*) **warranty** ; (*sûreté réelle*) **collateral** ; (*caution, aval*) **guarantee** ; (*par remise de biens*) **pledge** ; (*dans les cessions de créances*) **recourse**
gaspillage	**waste**
générateur de coûts	**cost driver**
générateur de valeur	**value driver**
gérant	**general partner ; manager**
gérant de portefeuille	**portfolio manager**
gérant de succursale	**branch manager**
gérer	**to manage**
gestion	**management**
gestion budgétaire	**budgetary control**
gestion de la qualité	**quality control**
gestion de trésorerie	**cash management**
gestion de portefeuille	**portfolio management**
gestion de projet	**project management**
gestion des ressources humaines	**human resources management**
gestion des risques	**risk management**
gestion des stocks	**inventory management**
gestion du personnel	**personnel management**
gestion financière	**financial management**
gestion fiscale	**tax planning**
gestion par activités	**activity-based management**
gestion prévisionnelle	**management planning**

gestionnaire	**manager**
goulot d'étranglement	**bottleneck**
gracieux : à titre gracieux	**for free**
grand livre	**general ledger**
grand livre auxiliaire	**subsidiary ledger**
grand livre auxiliaire des clients	**accounts receivable ledger**
grand livre auxiliaire des fournisseurs	**accounts payable ledger**
grand livre auxiliaire des immobilisations	**plant ledger**
grand livre général	**general ledger**
grand magasin	**department store**
grande surface	**supermarket**
graphique	**chart**
graphique du point mort	**break even chart**
gratuit	**free**
grille de décision	**decision model**
grossiste	**wholesaler**
groupe	**group** ; (*catégorie homogène*) **class**
groupe de travail	**task force**
groupe majoritaire	**majority group**
groupe minoritaire	**minority group**
groupement	**pool**
guide	**handbook**
guide comptable	**accounting manual**
guide d'audit	**audit manual**
guide des procédures	**procedures manual**

H

habillage	window dressing
hamonisation des normes	harmonization of standards
haussier	bull
haute technologie	high-tech(nology)
heure de main d'œuvre directe	direct labour hour
heure-machine	machine-hour
heures de travail	working hours
heures facturables	chargeable hours
heures normales	regular hours
heures supplémentaires	overtime
histogramme	histogram
historique	continuity schedule
holding	holding company
homme d'affaires	businessman
homogénéité	uniformity ; (*cohérence*) consistency
honoraires	fees
honorer	(*un effet*) to honour
horaire	schedule
horaire variable	flexible working hours
horodateur	time clock
hors cote	over the counter
hors taxe	duty free
hypothèque	mortgage
hypothèque de premier rang	first mortgage
hypothèque de second rang	second mortgage
hypothèquer	to mortgage
hypothèse	hypothesis ; assumption
hypothèse de la continuité d'exploitation	going concern concept

I

image fidèle	true and fair view ; fairness ; reliability ; representational faithfulness
immatriculation	registration
immeuble de rapport	revenue producing property
immeuble en copropriété	condominium
immeubles	real estate
immobilisation	capital asset
immobilisation corporelle	fixed asset ; tangible asset
immobilisation financière	long term investment
immobilisation incorporelle	intangible asset
immobilisations corporelles	property, plant and equipment
immobilisation en cours	construction work in progress
impartition	(*sous-traitance*) contracting out
impayé	outstanding
importance relative	materiality
important	material
impôt	tax
impôt des sociétés	corporate (income) tax
impôt foncier	property tax
impôt sur la fortune	tax on capital
impôt sur le revenu	(personal) income tax
impôts (sur le bénéfice) à payer	income taxes (currently) payable
impôts différés	deferred income taxes
impôts différés actifs	deferred tax debit
impôts différés passifs	deferred tax credit
impôts sur le bénéfice	income tax expense
imprimé	form ; printed form
imputable	chargeable
imputation	allocation
imputer	to allocate
incertitude	uncertainty

incidence fiscale	**tax effect**
incitation	**incentive**
incohérence	**inconsistency**
incorporation des bénéfices	**capitalization of earnings**
indemnité	(*d'une compagnie d'assurances*) **compensation** ; (*en réparation d'un dommage*) **compensation, indemnity**
indemnité d'assurance	**insurance benefit**
indemnité de congés payés	**vacation pay**
indemnité de licenciement	**redundancy payment ; layoff pay**
indemnité quotidienne	**per diem (allowance)**
indexation	**escalator clause ; indexation**
indexation sur le niveau général des prix	**price level restatement**
indice	**index ; ratio**
indice boursier	**market index**
indice de rentabilité	**profitability index**
indice des prix à la consommation	**consumer price index**
indice des prix de gros	**wholesale price index**
indice général des prix	**general price index**
indivis	**undivided**
inducteur de coûts	**cost driver**
inducteur de valeur	**value driver**
industrie	**industry**
industrie de capital	**capital intensive industry**
industriel	**manufacturer**
inexécution de contrat	**breach of contract**
inflation	**inflation**
influence notable	**significant influence**
information	**information** ; (*à fournir aux lecteurs des états financiers*) **disclosure**
information de gestion	**internal reporting**

information financière	**financial reporting**
information périodique	**periodic disclosure**
information probante	**audit evidence**
information sectorielle	**segment(al) reporting**
information trompeuse	**misleading information ; misrepresentation**
initié	**insider**
innovation	**innovation**
inscription à l'actif	**capitalization**
inscription comptable	**entry**
inscrire à la cote	**to list**
insolvabilité	**insolvency**
installations	**plant**
instrument de couverture	**hedging instrument**
instrument de crédit	**credit instrument**
instrument financier	**financial instrument**
instruments dérivés	**derivatives**
insuffisance d'actif	**deficiency in assets**
insuffisance de capital	**undercapitalization**
insuffisance de trésorerie	**cash deficiency**
intégration globale	**full consolidation**
intégration horizontale	**horizontal integration**
intégration proportionnelle	**proportional consolidation**
intégration verticale	**vertical integration**
intelligence artificielle	**artificial**
intelligence artificielle	**artificial intelligence**
intelligible	**understandable**
interactif	**interactive**
intéressé	**stakeholder**
intéressement	**profit sharing**
intérêt	(*d'un prêt*) **interest ;** (*d'une personne*) **stake ;** (*droit sur le patrimoine de l'entreprise*) **equity**
intérêts composés	**compound interest**
intérêts courus	**accrued interest**
intérêts courus (à payer)	**interest payable**

intérêts courus (à recevoir)	**interest receivable**
intérêts créditeurs	**interest income**
intérêts débiteurs	**interest expense**
intérêts échus	**interest due**
intérêts majoritaires	**majority interest**
intérêts minoritaires	**minority interest**
intérêts simples	**simple interest**
intermédiaire	**jobber ; broker ; intermediary**
intermédiaire financier	**financial intermediary**
intermédiation financière	**financial intermediation**
intersociétés	**intercompany**
intervalle	**range**
intervalle de confiance	**confidence interval ; confidence level**
intitulé	**heading**
intitulé d'un compte	**name of an account**
introduire	**to introduce ; (*des données*) to enter**
introduire en bourse (s')	**to go public**
inventaire	**physical inventory ; stocktaking**
inventaire de fin d'exercice	**year-end stocktaking**
inventaire intermittent	**periodic inventory**
inventaire permanent	**perpetual inventory**
inventaire tournant	**continuous inventory**
investissement	**investment ; capital expenditure**
investissement de maintien	**sustaining capital expenditures**
investisseur institutionnel	**institutionnal investor**
irrégularité	**irregularity**
irrégularité comptable	**inappropriate accounting treatment**

J

jetons de présence	directors' fees
jour de valeur	value date
jour férié	legal holiday
journal	journal
journal auxiliaire	subsidiary journal
journal des décaissements	cash disbursements journal
journal des encaissements	cash receipt journal
journal des opérations diverses	general journal
journal des salaires	payroll journal
journal des ventes	sales journal
journal de trésorerie	cash book
journal général	general journal
journal-grand livre	combined journal and ledger
journal originaire	book of original entry
journaliser	to journalize
jour ouvrable	working day
jours de crédit clients	collection period of receivables
jours de crédit fournisseurs	number of days' purchases in average payables
juste-à-temps	just-in-time
juste prix	fair value
justificatif	voucher ; bookkeeping voucher

K

kilofranc	thousand francs
krach boursier	stock market crash

L

lacune	loophole
lancer un emprunt	to issue a bond
lancer une entreprise	to launch a company
lecture de caractères magnétiques	magnetic ink character recognition (MICR)
lecture optique	optical character recognition (OCR)
lettre de change	bill of exchange
lettre de change-relevé (LCR)	bills of excchange statement
lettre de confirmation	response letter
lettre de mission	engagement letter
lettre de rappel	follow-up letter ; reminder
levier	leverage
liaison	interface
libellé	(*d'une écriture*) explanation
libellé en monnaie étrangère	denominated in foreign currency
libeller	(*un chèque*) to make out
libeller à l'ordre de	to make payable to
libre d'impôt	tax free
licenciement	lay-off
licence	licence
lieu d'émission	place of issue
ligne de crédit	line of credit
ligne de crédit non utilisée	undrawn line of credit
ligne de produits	product-line ; line of products

lignes de conduite	**guidelines**
limitation de l'étendue (des travaux de révision)	**scope limitation**
liquidation	(*d'une entreprise*) **liquidation ; winding up ;** (*des stocks*) **clearance sale ;** (*boursière*) **settlement ;** (*d'une retraite*) **pension calculation ;** (*d'une dette*) **settlement**
liquider une dette	**to pay off a debt**
liquider une position	**to close out a position**
liquidité	**liquidity**
liquidités	**liquid assets ; cash assets**
lissage des résultats	**profit smoothing**
liste d'adresses	**mailing list**
liste de contrôle	**checklist**
liste des prix	**price list**
litige	**legal dispute**
litigieux	**in dispute**
livraison	**delivery**
livraison à terme	**forward delivery**
livre comptable	**book account**
livre de caisse	**cash book**
livre de paye	**payroll journal**
livre-journal	**book of original entry**
locataire	**tenant**
location	**rental**
location avec option d'achat	**lease with purchase option**
location-vente	**hire purchase**
locaux commerciaux	**business premises**
logiciel	**software**
lot	**batch**
lot économique	**economic order quantity**
louer	**to rent**
loyer	**rent**

M

maillage	**networking**
main courante	**day book**
main d'œuvre	**labour**
main d'œuvre directe	**direct labour**
main d'œuvre indirecte	**indirect labour**
main d'œuvre qualifiée	**skilled labour**
mainlevée d'hypothèque	**release of a mortgage**
maintenance	**maintenance**
majoration	**gross-up**
majorer	(*les prix*) **to mark up** ; (*les salaires*) **to increase**
malfaçon	**defect**
malversation	**embezzlement**
management	**management**
mandat	(*contrat de mandat*) **agency** ; (*pour un groupe*) **terms of reference**
mandataire	**proxy ; agent**
mandat postal	**postal money order**
manquants	**shortages**
manque à gagner	**shortfall**
manque de cohérence	**inconsistency**
manquement (aux engagements)	**default**
manuel	**handbook ; manual**
manuel de procédures	**procedures manual**
manuel de procédures comptables	**accounting manual**
maquillage de bilan	**window dressing** (*fam.*)
marchandise	**commodity**
marchandises	**commodities ; goods**
marchandises destinées à la vente	**goods available for sale**
marchandises en consignation	**goods on consignment**

marchandises sous douane	bonded goods
marché	contract ; market
marché à la baisse	buyer's market ; bear market
marché à la hausse	seller's market ; bull market
marché à terme	futures market
marché à terme de marchandises	commodity futures market
marché à terme d'instruments financiers	financial futures market
marché au comptant	spot market
marché de gré à gré	over-the-counter market (OTC)
marché des actions	equity market
marché des capitaux	financial market
marché des changes	foreign exchange market
marché financier	capital market
marché hors cote	over-the-counter market
marché libre	open market
marché monétaire	money market
marché obligataire	bond market
marché public	government contract
marchéage	marketing mix
marge	margin
marge brute	gross margin
marge brute d'autofinancement	cash flow(s) from operating activities
marge de sécurité	margin of safety
marge commerciale	mark-up ; (*marge sur coût de revient*) gross margin
marge sur coût variable	contribution margin
marginal	marginal
marque	(*commerciale*) trade mark
marque de pointage	tick mark
marque déposée	registered trade mark
masque de saisie	template ; screen
masse salariale	payroll cost
matériel de bureau	office equipment

matériel et outillage	**machinery and equipment**
matériel informatique	**hardware**
mathématiques financières	**financial mathematics**
matières consommables	**indirect materials ; supplies**
matières premières	**raw material(s)**
mémoire (*fém.*)	(*d'ordinateur*) **memory**
mémoire (*masc.*)	**memorandum**
mémoire morte	**read only memory (ROM)**
mémoire tampon	**buffer**
mémoire vive	**random access memory (RAM)**
mensualité	**monthly payment**
mère (société)	**parent company**
mesure de performance	**performance measurement**
mesure incitative	**incentive**
méthode d'amortissement	**depreciation method**
méthode d'évaluation des stocks	**inventory cost allocation method**
méthode de l'achat pur et simple	**purchase method**
méthode de l'achèvement des travaux	**completed performance method**
méthode de mise en équivalence	**equity method**
méthode de l'amortissement constant (ou linéaire)	**straight line method (of depreciation)**
méthode de l'amortissement dégressif	**reducing balance method (of depreciation) ; declining balance method**
méthode de l'avancement des travaux	**percentage of completion method**
méthode de l'épuisement à rebours	**last in, first out method (LIFO)**
méthode de l'épuisement successif	**first in, first out method (FIFO)**
méthode du prochain entré premier sorti	**next in, first out method (NIFO)**
mettre à jour	**to update**

mettre à la casse	to scrap
meuble	personal property
mission	engagement
mission de révision	audit engagement
mobilier	furniture
mobilisation	(*de capitaux*) raising of capital ; (*de créances*) assignment of receivables
modalités de règlement	terms of payment
modèle d'équilibre des actifs financiers	capital asset pricing model
modification	alteration
modification de convention comptable	change in accounting policy
modification de périmètre de consolidation	change in reporting entity
moins-value	loss in value ; (*temporaire*) temporary decline in value
monnaie	currency ; (*d'appoint*) change
monnaie convertible	convertible currency
monnaie inconvertible	blocked currency
montant	amount
montant à reporter	amount brought forward
montant total	total amount
moyen de paiement	medium of exchange

N

nantir	**to pledge**
nantissement	**collateral ; security over an asset**
négligeable	**immaterial**
négociant	**merchant ; trader**
net à payer	**net payable ; net cash**
net commercial	**net profit**
net d'impôt	**net of tax**
niche	**niche**
niveau	**level ;** (*des prix*) **price levels ;** (*des salaires*) **salary levels**
niveau d'activité	**activity level ; production volume**
niveau d'endettement	**leverage ;** (*surendettement*) **overleverage ;** (*insuffisant*) **underleverage**
nom commercial	(*raison sociale*) **firm's name ;** (*d'un produit*) **trade name**
nomenclature	**bill of materials**
nominal	(*d'une action*) **nominal value ;** (*d'une obligation*) **par value**
normalisation	**standardization ; standard-setting**
norme	**standard**
normes comptables	**accounting standards**
normes d'audit	**auditing standards**
normes de présentation de l'information	**disclosure standards**
notable	**material ; significant**
notation	**rating**
note	(*facture*) **bill ;** (*de bas de page*) **footnote ;** (*de débit*) **debit note ;** (*de crédit*) **credit note**
note de frais	**expense claim**

note de service	memo
note d'information	prospectus
notes accompagnant les états financiers	notes to financial statements
nouveau (à)	opening balance
nue-propriété	bare property
nullité d'un contrat	invalidity of a contract
numéraire	cash ; money ; currency
nu-propriétaire	bare owner

O

objectivité	**objectivity**
obligataire	**bondholder**
obligation	**bond ; debenture**
obligation à coupon zéro	**zero-coupon bond**
obligation à haut risque	**junk bond**
obligation à taux variable	**floating-rate bond**
obligation avec bon de souscription d'actions (OBSA)	**bond with equity warrant**
obligation avec bon de souscription d'obligations (OBSO)	**bond with bond warrant**
obligation convertible	**convertible bond**
obligation coupon détaché	**stripped (coupon) bond**
obligation de moyens	**due care**
obligation du Trésor	(*à long terme*) **treasury bond ;** (*à moyen terme*) **treasury note**
obligation participative	**participative bond**
obligation remboursable en actions (ORA)	**equity note**
obligations échues	**matured bonds**
obligations remboursables par anticipation	**callable bonds**
obligation spéciale à coupons à réinvestir (OSCAR)	**bunny bond**
obsolescence	**obsolescence**
obsolète	**obsolete**
occasion	(*affaire*) **bargain ;** (*marchandise d'occasion*) **secondhand merchandise**
offre	**offer ; supply**
offre d'achat	**bid**
offre publique d'achat (OPA)	**takeover bid ; tender offer**
onéreux : à titre onéreux	**in return for payment**
opération	**transaction**

opération commerciale	**business transaction**
opération de change	**foreign exchange**
opération d'initié	**insider trading**
opération factice	**artificial transaction**
opérations de Bourse	**Stock exchange transactions**
opérations d'exploitation	**operating activities**
opérations d'inventaire	**periodic procedures**
opérations entre apparentés	**related party transactions**
opinion	**opinion ; (*avec réserves*) qualified opinion ; (*sans réserves*) unqualified opinion**
option	**option**
option d'achat	**call (option) ; purchase option**
option de change	**foreign currency option**
option de vente	**put (option)**
option sur actions	**stock option**
ordonnancer	**to schedule**
ordre (d'achat)	**order**
ordre au comptant	**cash order**
ordre au mieux	**market order**
ordre de vente	**order to sell**
ordre de virement	**transfer order**
ordre du jour	**agenda**
ordre permanent	**standing order**
organigramme	**organization chart ; flow chart**
organisation	**organization**
organisation professionnelle	**professional body**
organisme de normalisation	**standard-setting body**
organisme de placement collectif en valeurs mobilières (OPCVM)	**mutual fund**
outil de production	**plant**
outillage	**equipment ; tools**
outillage industriel	**production machinery**

P

page	**folio**
paie	(*salaire*) **pay ;** (*masse salariale*) **payroll**
paiement	**payment**
paiement anticipé	**advance payment ; prepayment**
paiement différé	**deferred payment**
paiement en nature	**payment in kind**
paiement symbolique	**token payment**
paiements échelonnés	**instalment payments**
pair	**par ; par value**
papier commercal	**commercial paper**
paquet de titres	**block of securities**
paradis fiscal	**tax shelter**
participation aux bénéfices	**profit sharing**
participation croisée	**reciprocal shareholding ; cross-holding**
participation majoritaire	**majority interest ; controlling interest**
participation minoritaire	**minority interest**
part sociale	**share**
passation directe en charges	**direct write-off method**
passer en charges	**to charge off ; to debit**
passer une écriture	**to account for ; to enter**
passer une écriture au journal	**to journalize**
passif	**liabilities**
passif éventuel	**contingent liability**
patrimoine	**asset base**
payable	**payable**
payable à vue	**due on demand**
payer	**to pay ;** (*une traite*) **to honour**
payer (à)	**payable**
performance	**performance**
périmé	**obsolete**

période antérieure	**prior period**
période en cours	**current period**
période intermédiaire	**interim period**
période postérieure à la clôture	**subsequent period**
permanence (des méthodes)	**consistency** ; (*dans le respect de la permanence des méthodes*) **on a consistent basis**
personnel commercial	**sales force**
personnel de bureau	**administrative staff**
personnel fonctionnel	**staff personnel**
personne morale	**legal entity ; incorporated body**
perte	**loss**
perte de change	**exchange loss**
perte de valeur	**loss in value**
perte éventuelle	**contingent loss**
perte sur créance	**bad debt**
pertinence	**relevance**
petite et moyenne entreprise (PME)	**small business**
pièce justificative	**(bookkeeping) voucher ; source document**
piste	**track**
placement	**investment**
placement de trésorerie	**short term investment**
plafond de crédit	**credit ceiling**
plan comptable	**chart of accounts**
plan comptable normalisé	**uniform code of accounts**
plan d'amortissement	(*d'une dette*) **amortization plan** ; (*d'une immobilisation*) **depreciation schedule**
plan de financement	**financing plan**
plan de financement prévisionnel	**forecast statement of changes in financial position**
plan d'épargne en actions	**stock savings plan**
plan de redressement	**recovery plan**
plan stratégique	**business plan**
planification	**planning**

plaquette annuelle	**annual report**
plus-value	(*réalisée*) **capital gain** ; (*latente*) **increase in value ; appreciation**
point de référence	**benchmark**
point de vente	**outlet**
point mort	**break-even point**
pointer	**to tick** ; (*vérifier*) **to check**
police d'assurances	**insurance policy**
politique d'amortissement	**depreciation policy**
politique de dividende	**dividend policy**
porteur (au)	**bearer**
porteur de titres	**security holder**
position acheteur	**long position**
position de change	**exchange position exposure**
position vendeur	**short position**
poste du bilan	**balance sheet item**
pouvoir d'achat	**purchasing power**
pouvoir de payer	**payment authority**
pouvoir hiérarchique	**line authority**
pratiques comptables	**accounting procedures**
préfinancement	**bridge financing ; advance funding ; bridging loan**
prélèvement automatique	**direct debit**
présentation en compte (du bilan)	**report form ; horizontal presentation**
présentation en liste	**report form ; vertical presentation**
préservation du patrimoine	**capital maintenance**
président du conseil d'administration	**chairman of the board**
prestation de services	**service**
prestation en nature	**benefit in kind**
prêt	**advance ; loan**
prêteur sur gage	**pawn broker**
preuve	**evidence**
prévision	**forecast**

prévisions de trésorerie	cash flow forecasts
prime d'émission, d'apport	share premium ; additional paid-in capital ; capital surplus
prime d'émission d'obligation	bond premium
prime de conversion	conversion premium
prime de fusion	merger premium
principe comptable	accounting principle
principe d'annualité	accrual principle
principe de continuité d'exploitation	going concern principle
principes comptables généralement admis	generally accepted accounting principles (GAAP)
prise de contrôle	takeover ; acquisition
prise de contrôle par emprunt (LBO)	leveraged buyout
prise en compte des charges	expense recognition
prise en compte des produits	revenue recognition
prix	price
prix courant	list price
prix de référence	base price
prix forfaitaire	flat price
production	production ; output
production à la chaine	line production
production par lots	job lot production
productivité	productivity
produit	(*d'une vente*) proceeds ; (*fabriqué*) product ; (*comptable*) revenue
produit à recevoir	accrual ; accrued asset
produit ayant un effet sur la trésorerie	cash income
produit comptabilisé d'avance	deferred revenue ; deferred income
produits accessoires	miscellaneous revenue
produits divers	sundry income
produits financiers	financial revenue

produits finis	**finished goods**
progiciel	**software package**
profession comptable	**accountancy profession**
projet d'investissement	**capital project**
promesse de vente	**sales commitment**
propriété commerciale	**trademark rights**
provision	**estimated liability ; (*pour dépréciation*) provision**
provision de propre assureur	**liability for self-insured risks**
provision pour créances douteuses	**allowance for doubtful accounts**
provision pour garanties	**estimated liability under warranties**
prudence (principe)	**conservatism**
publication de l'information financière	**financial reporting**

Q

quittance	**receipt ; (*facture*) bill**
quitus	**discharge**
quorum	**quorum**
quote-part	**share**
quotité	**quota ; share ; proportion**

R

rabais	**discount ; (*pour défaut*) allowance**
rachat de l'entreprise par les salariés	**management buyout**
radiation	**deregistration ; (*de la cote*) delisting**
raison sociale	**firm's name**
rappel de salaire	**back pay**
rapport	**report**
rapport d'activité	**progress report**
rapport de gestion	**directors' report**
rapport intermédiaire	**interim report**
rapprochement	**matching ; (*de comptes*) reconciliation**
ratio	**ratio**
ratio capitaux empruntés par rapport aux capitaux propres	**debt/equity ratio**
ratio cours/bénéfice	**price earnings ratio (P/E)**
ratio d'autonomie financière	**equity to debt ratio**
ratio d'endettement	**gearing**
ratio de liquidité réduite	**acid test ratio**
ratio de liquidité générale	**current ratio**
ratio de liquidité immédiate	**cash ratio**
ratio de rotation du fonds de roulement	**working capital tunover**
ratio dividendes/bénéfice	**dividend payout ratio**
rationanlisation des choix budgétaires	**planning, programming and budgeting system**
rebuts	**(*production*) spoiled units**
récépissé	**receipt**
recette	**revenue**
recevoir (à)	**receivable**
reclassement	**reclassification**

recommandation	statement of recommendations
reconnaissance de dette	IOU (I owe you)
recoupement	crosschecking
recouvrable	collectible
recouvrement	recovery ; collection
recouvrement sur créance douteuse	bad debt recovered
reçu	receipt
récurrent	recurring
redevance	royalty
redressement d'entreprise	turnaround ; restructuring
redressement financier	financing adjustment
redressement fiscal	income tax reassessment
réduction	abatement ; (*de prix*) price cut
réduction de capital	reduction of capital
réduire les dépenses	to cut expenditures
réescompte	rediscount
réévaluation	revaluation
refus de certifier	adverse opinion
régime d'intéressement	incentive plan
régime de retraite	pension plan
régime de retraite complémentaire	private pension plan
régime de retraite par capitalisation	funded pension plan
régime de retraite par répartition	pay-as-you-go pension plan
régime fiscal	tax system
registre des procès verbaux	minute book
règlement des sinistres	claim settlement
règles comptables	accounting standards
regroupement d'entreprises	business combination
régularisation	adjustment
réintégration d'une provision	reversal of a provision
relevé de compte	statement of account

relevé bancaire	**bank statement**
relevé de compte détaillé	**open item account**
relevé de temps	**time sheet**
remboursement	**reimbursement** ; (*selon un échéancier prédéterminé*) **redemption** ; (*anticipé*) **prepayment**
rembourser	**to repay ; to reimburse** ; (*intégralement*) **to discharge**
remise	**discount**
remise de dette	**remission of a debt**
rendement	**performance ; return ; yield**
rendement des capitaux propres	**return on equity**
rendement des investissements	**return on investment (ROI)**
rendre compte	**to account for**
renouvellement de bail	**lease renewal**
rentabilité	**profitability**
rentable	**profitable ; cost-effective**
rente viagère	**life annuity**
répartir	**to allocate**
répartition	**allocation**
report	**carry-over**
report à nouveau	**balance brought forward**
report de perte	**loss carry-over**
report (de perte) en arrière	**(loss) carry back**
report (de perte) en avant	**(loss) carry forward**
report d'impôt fixe	**deferral method (of tax allocation)**
report d'impôt variable	**liability method (of tax allocation)**
reporter	**to bring forward**
reprise de provision	**reversal of a provision**
réserve latente	**hidden reserve**
réserve légale	**legal reserve**
réserve occulte	**secret reserve**

réserve technique	**technical reserve**
réserves	**reserves**
réserves et report à nouveau	**retained profits**
résiliable	**cancellable**
respecter un délai	**to meet a deadline**
responsabilité	(*d'une tâche*) **accountability ; liability**
responsable de	**accountable for**
ressources	(*origine*) **sources**
ressources financières	**funds**
ressources humaines	**human ressources**
ressources naturelles	**natural ressources**
résultat à répartir	**re-allocation of income**
résultat comptable	**accounting income**
résultat d'exploitation	**operating income**
résultat net	**net income ; bottom line**
résultat net déficitaire	**deficit**
résultat net de l'exercice (positif)	**annual surplus**
résultat par action	**earnings per share**
résultat prévisionnel	**earnings forecast**
retenue de garantie	**retention clause**
retour sur achats	**purchase return**
retour sur ventes	**sales return**
retraite	**retirement ;** (*pension*) **pension benefits**
retraitement	**restatement**
revenu	**income**
revenu disponible	**disposable income**
réviseur	**auditor**
révision	**audit**
révision de clôture	**year-end audit**
révision des comptes	**financial audit**
révision légale	**statutory audit**
revue de dossier	**file review**
risque de change	**foreign exchange risk**
risque de taux	**interest rate risk**

risque d'exploitation	business risk ; going concern risk
risque du marché	systematic risk
risque de portefeuille	portfolio risk
risque-pays	country risk
risque spécifique	unsystematic risk
rotation	turnover
rotation de l'actif	asset turnover
rotation des capitaux	capital turnover
rotation des comptes-clients	accounts receivable turnover
rotation des stocks	inventory turnover
rotation du personnel	employee turnover
rubriques des états financiers	elements of financial statements
rupture de stock	inventory shortage

S

s'accumuler (intérêts)	**to accrue**
saisir (en comptabilité)	**to enter**
salaire	**pay ; salary**
salaire au rendement	**incentive pay**
salaire de base	**basic salary**
salaire net	**take-home pay**
salaires et charges sociales	**salaries and fringe benefits**
salarié	**employee ; worker**
salle des marchés	**front office**
sans objet	**not applicable (N/A)**
santé financière	**financial condition**
s'assurer	**to buy insurance**
sauvegarde	**backup**
sauvegarder	**to save**
savoir-faire	**know-how**
scission	**spin-off ; split-off**
séance de bourse	**trading session**
secteur	**segment**
secteur d'activité	**industry segment ; business segment**
secteur géographique	**geographic segment**
secteur isolable	**reporting segment**
section	**department ; operating unit ; business unit**
section auxiliaire	**service department**
section comptable	**accounting unit**
service après vente	**customer service ; after sales**
services publics	**utilities**
seuil de rentabilité	**break-even point**
seuil de signification	**materiality level**
siège social	**head office**
signature	**signature**
significatif	**material ; significant**
situation intermédiaire	**interim financial statements**

situation financière	**financial position**
situation nette	**equity capital**
social (de la société)	**corporate**
société absorbante	**merging company**
société absorbée	**merged company**
société affiliée	**affiliated company**
société anonyme	**joint stock-company ; business corporation**
société à responsabilité limitée	**limited liability company ; business corporation**
société cible	**offeree ; target company**
société cotée	**listed company**
société d'affacturage	**factoring company**
société de capitaux	**business corporation ; limited company**
société dépendante	**controlled company**
société émettrice	**investee**
société de portefeuille	**holding company**
société d'investissement à capital variable (SICAV)	**mutual fund ; unit trust**
société-écran	**dummy corporation ; letter-box**
société en commandite	**limited partnership**
société en nom collectif	**general partnership**
société en participation	**joint venture**
société faisant appel public à l'épargne	**public company**
société fermée	**private company ; close corporation**
société fiduciaire	**accounting firm**
société immobilière	**real estate company**
société mère	**parent company**
société par actions	**(*GB*) joint-stock company ; (*US*) incorporated company**
solde (de compte)	**balance**
solde à nouveau	**opening balance**
solde à reporter	**balance brought forward**

solde créditeur	credit balance
solde débiteur	debit balance
solde de clôture	closing balance
solder les comptes	to close the books ; to balance the accounts
solder un compte	to balance an account
solvabilité	solvency
somme	amount
somme forfaitaire	lump sum
sortie d'argent	disbursement
sortie de trésorerie	outlay
sous-activité	under-activity ; subnormal capacity usage
souscripteur	subscriber
souscription	subscription
sous-estimé	understated
sous-filiale	sub-subsidiary
sous garantie	under warranty
sous-produit	by-product
sous-traitance	subcontracting
sous-traitant	subcontractor
stagiaire	trainee
statuts (d'une société)	articles of association ; by-laws
stellage	straddle
stock	inventory
stock à la fin de l'exercice	year-end inventory ; closing inventory
stock au début de l'exercice	opening inventory
stock de marchandises	bought-in goods inventory
stock de produits finis	finished goods inventory
stock de sécurité	safety stock
stock dormant	non-moving inventory
stock-outil	base stock
stockage	storage
subvention	subsidy ; grant
succession	estate
succursale	branch

surendetté	**over-leveraged**
surendettement	**over-leverage**
surestimé	**overstated**
sursis de paiement	**deferment of a debt**
survaleur	**goodwill**
swap de devises	**currency swap**
swap de taux d'intérêt	**interest rate swap**
syndic de faillite	**trustee in bankruptcy**
système comptable	**accounting process ; accounting system**
système de gestion de base de données	**data base management system**
système d'information comptable	**reporting system**
système d'information de gestion	**management information system**
système expert	**expert system**
système interactif d'aide à la décision	**decision support system**

T

tableau	exhibit ; chart
tableau de bord	operating report
tableau de financement	statement of changes in financial position ; statement of source and application of funds
tableau de remboursement	amortization table
tableau de variation des capitaux propres	statement of changes in shareholders' equity
tableau des ressources et des emplois	funds flow statement
tarif	price list
taux	rate
taux d'actualisation	discount rate
taux d'amortissement	depreciation rate
taux de capitalisation	capitalization rate
taux de change	rate of exchange
taux de change fixe	fixed exchange rate
taux de change flottant	floating exchange rate
taux de change historique	historical exchange rate
taux de croissance	growth rate
taux de rendement	rate of return
taux de rendement actuariel	yield to maturity
taux de rendement des capitaux propres	return on equity
taux de rendement du capital investi	return on investment (ROI)
taux de rentabilité interne	internal rate of return
taux d'escompte	discount rate
taux d'imposition	tax rate
taux d'intérêt effectif	effective rate
taux d'intérêt préférentiel	bank prime rate
taux interbancaire	interbank rate

taux interbancaire offert à Londres	London interbank offered rate (LIBOR)
taux interbancaire offert à Paris	Paris interbank offered rate (PIBOR)
taux nominal	nominal rate
taux par jour	per diem rate
taux plafond	cap
taux plancher	floor
taxe d'apprentissage	apprenticeship tax
taxe professionnelle	business tax
taxe sur la valeur ajoutée	value added tax
temps improductif	idle time
tendance	trend
tendance à la baisse	downtrend
tendance à la hausse	uptrend
teneur de comptes	bookkeeper
tenue de la comptabilité	bookkeeping
tenue de la comptabilité en partie double	double entry bookkeeping
termaillage	leads and lags
terrain	land ; (*nu*) raw land ; (*aménagé*) improved land
test	test
test de conformité	compliance procedure
théorie comptable	accounting theory
théorie du portefeuille	portfolio theory
tiré	drawee
tireur	drawer
tiroir-caisse	till
titre	security
titre de créance à court terme	short term paper
titre d'emprunt	debt security
titre de participation	equity interest
titre d'un compte	name of an account
titre immobilisé	long term investment
titres cotés	listed securities

à titre gracieux	for free
à titre onéreux	in return for payment
titrisation	securitization
total de contrôle	hash total
total général	total amount
totaliser	to aggregate
total partiel	subtotal
traite	bill of exchange ; draft
traite en l'air	kite
traitement comptable	accounting treatment
traitement des données	data processing
traitement direct	on-line processing
traitement en différé	off-line processing
traitement par lots	batch processing
tranche à moins d'un an d'un emprunt à long terme	current portion of long term debt
tranche d'imposition	tax bracket
transfert	transfer
travail à la chaîne	production line work
travail à plein temps	full-time job
travail à temps partiel	part-time job
travail aux pièces	piecework
travail de bureau	clerical work
travail posté	shiftwork
travaux en cours	work in process ; work in progress
trésorier	treasurer
troc	swap
trust	trust

U

unité d'œuvre	**application base**
usine	**factory ; plant**
usure	(*intérêts excessifs*) **usury**
usure (des immobilisations)	**wear and tear ; depreciation**
utilisateur final	**end user**
utilisation des fonds	**application of funds**

V

vache à lait	cash cow
valeur	value ; (*titre*) security
valeur actualisée nette	net present value
valeur actuelle	current value
valeur ajoutée	value added
valeur à la casse	scrap value
valeur à l'échéance	maturity value
valeur comptable	book value
valeur comptable de l'entreprise	equity value
valeur comptable d'une action	book value per share
valeur de rebut	scrap value
valeur d'utilité	fair value
valeur immobilisée	capital asset ; fixed asset
valeur locative	rental value
valeur mobilière	security
valeur nette comptable	carrying amount
valeur nominale	par value
valeurs disponibles	cash assets
valeurs mobilières de placement (au bilan)	cash equivalent
variation de périmètre de consolidation	change in reporting entity
variation des capitaux propres	statement of changes in shareholders' equity
vente aux enchères	auction sale
vente avec réserve de propriété	conditional sales agreement
vente de gré à gré	sale by private agreement
vente en gros	wholesale
vente intersectorielle	inter-segment sale
vente par correspondance	mail-order selling
vérification d'un compte	checking of an account

versement	**payment ; instalment**
versement de début de période	**annuity due**
versement de fin de période	**annuity in arrears**
versement final forfaitaire	**balloon payment**
versement initial	**downpayment**
versements échelonnés	**instalment payments**
vice-président du conseil d'administration	**deputy chairman**
virement	**transfer**
volatilité	**volatility**
vue (à)	**on demand**

W

warrant	**warehouse receipt**

B PHRASES TYPES

COMPTABILISATION DES OPÉRATIONS

1. Le comptable a débité le compte « Matériel et outillage » au moment de l'acquisition d'une nouvelle machine.
2. Lors de l'échéance annuelle de l'emprunt, le compte « Charges financières » a été crédité à tort et il a fallu contrepasser l'écriture.
3. Autrefois, la comptabilité était manuelle. Maintenant, elle est tenue grâce aux ordinateurs. Mais c'est toujours une comptabilité en partie double.
4. Beaucoup de gens qui ne sont pas des experts comptables confondent « solder un compte » et « tirer le solde d'un compte ».
5. Tout commerçant tient obligatoirement un livre-journal, un grand-livre et un livre d'inventaire. Il ouvre autant de journaux auxiliaires que les besoins de son entreprise l'exigent.
6. Le bon de commande, le bon de livraison, le bon de réception et la facture sont des pièces justificatives utilisées pour la comptabilisation des opérations.
7. La règle de prudence conduit à comptabiliser en charges de véritables investissements immatériels comme la Recherche-Développement, la publicité et les frais de formation.

8. La récapitulation des produits et des charges dans le « Compte de résultat » permet de déterminer le bénéfice ou la perte de l'exercice.
9. La TVA inscrite sur la facture d'un fournisseur ne constitue pas une charge pour l'entreprise mais une créance sur l'Etat.
10. La balance « âgée » des comptes-clients est un bon moyen pour contrôler la rotation des créances sur les clients.

PHRASES TYPES

ACCOUNTING FOR TRANSACTIONS

1. The accountant debited the account 'machinery and tooling' on the purchase of a new machine.
2. In accruing for the year-end interest on borrowings, the 'Financial expenses' account was wrongly credited; it was necessary to pass a correcting entry.
3. In the past, accounting was done manually. Today, accounting is computerised; but the double-entry system still applies.
4. Many people who are not chartered/certified accountants confuse the terms 'balance an account' and 'extracting the account balances'.
5. All enterprises are obliged to maintain a general journal, a general ledger and an inventory listing of assets and liabilities. Companies may open subsidiary journals according to their needs.
6. The purchase-order, goods delivery note, goods received note and the invoice are the supporting documents used to record transactions in the accounts.
7. The accounting convention of 'conservatism' (i.e. prudence) normally requires intangible assets (Research and Development, publicity and start-up costs) to be treated as an expense.
8. A summary of the revenue and expense accounts in the 'Results Account' enables the profit or loss for the year to be determined.
9. The VAT shown on a supplier's invoice is not an expense for the company but an amount recoverable from the State.
10. An 'aged-balance' of customers' accounts is a good method for monitoring the amounts due by customers.

OPÉRATIONS DE FIN D'EXERCICE

1. Les principaux principes comptables sont : le principe du coût historique, le principe de non-compensation, le principe de l'indépendance des exercices, le principe de continuité, le principe de permanence des méthodes et le principe de prudence.
2. L'amortissement est la constatation comptable d'un amoindrissement de la valeur d'un élément d'actif en raison de l'usage, du temps ou de l'obsolescence.
3. La valeur nette comptable est la différence entre le coût d'achat d'une immobilisation et le cumul de la dépréciation constatée par l'amortissement.
4. La méthode de l'amortissement dégressif facilite un renouvellement des immobilisations plus rapide que la méthode de l'amortissement linéaire.
5. Le taux d'amortissement est déterminé par la durée de vie des immobilisations et permet de calculer le montant de la dotation annuelle.
6. Les provisions pour dépréciation des comptes-clients sont réactualisées chaque année.
7. Les provisions sont cumulées en étant réintégrées dans les produits de l'exercice. Cette reprise a pour effet d'améliorer le résultat.
8. Les titres de participation et les titres de placement ne sont pas soumis aux mêmes règles d'évaluation.
9. Les provisions pour risques et charges comprennent entre autres les provisions pour risques, et les provisions pour charges à répartir sur plusieurs exercices, les provisions pour impôts, les provisions pour départ à la retraite et les provisions pour restructuration.
10. Les charges à payer et les produits à recevoir sont des comptes de bilan correspondant à des charges et des produits qui se rattachent à l'exercice. Les charges constatées d'avance et les produits constatés d'avance correspondent à des charges ou des produits rattachables à l'exercice suivant.

B PHRASES TYPES

YEAR-END OPERATIONS

1. The main accounting principles relate to historical costs, restrictions on netting off account balances, going concern, consistency of methods, conservatism.

2. The accounting for amortisation reflects the decline in value of an asset due to use, time or obsolesence.

3. Net book value is the difference between the purchase cost of an asset and the accumulated depreciation accounted for by means of annual amortisation.
4. The reducing balance method of depreciation effectively writes-down the asset value move quickly, compared to the straight-line method of depreciation.
5. The depreciation-rate is based on the economic life of an asset and determines the annual charge for amortization.
6. The provisions for customers' accounts are reviewed (re-assessed) each year.
7. Provisions no longer required are 'written-back' to results, hence increasing income.

8. There are different accounting principles for the treatment of long-term and short-term investments.
9. Provisions for risks and liabilities include, amongst others, the following: known or contingent risks, deferred expenditure, provisions for taxation, pensions and restructuring

10. Accrued payables and accrued receivables are balance sheet accounts and which relate to expenses and income recognized in the current year. The Pre-payments and unearned income correspond to the expenses or the income recognized in the subsequent accounting period.

B PHRASES TYPES

LA RÉVISION DES COMPTES

1. L'analyse du risque d'audit consiste en l'évaluation de la probabilité d'avoir des erreurs dans les comptes annuels d'une société.
2. L'audit par les systèmes : une approche de l'audit reposant sur la capacité d'identifier et tester les contrôles internes d'un système.
3. Les tests de conformité sont des tests d'audit réalisés pour vérifier que les contrôles internes d'un systèmes fonctionnent correctement.
4. Les tests de corroboration ou de validation sont un travail d'audit entrepris pour trouver des éléments de preuve directe de l'exactitude, de l'exhaustivité et de la validité des opérations.
5. L'examen analytique consiste en des tests indirects de corroboration où les indices sont obtenus en analysant les plus larges relations financières existant entre des ensembles de chiffres.
6. L'importance relative : une expression décrivant la signification financière des soldes de comptes ou d'autres valeurs. L'importance relative est un concept important pour la planification des travaux d'audit. Elle aide à définir le niveau des moyens d'audit requis pour chaque zone concernée, en termes de signification financière.
7. L'audit des comptes consiste en un examen, mené par une personne indépendante, des états financiers d'une organisation, entrepris en conformité avec des exigences légales ou des obligations contractuelles. Cela implique de se forger une opinion sur les opérations financières et/ou les fonctions de l'organisme audité et d'en rendre compte.
8. L'examen postérieur à la clôture consiste en une revue des transactions significatives et des opérations effectuées après la clôture et avant que le rapport soit signé par le commissaire aux comptes.

B PHRASES TYPES

AUDITING

1. Audit risk analysis: the auditor's assessment of the likelihood of errors in a company's financial statements.

2. Systems-based audit: an approach to audit that relies upon the ability to identify and test internal controls in a system.
3. Compliance testing: audit tests undertaken to verify that the internal controls of a system are operating.

4. Substantive or validation testing: audit work undertaken to gain evidence to 'substantiate' directly the accuracy, completeness and validity of transactions.

5. Analytical review: indirect substantive testing where evidence is obtained by analysing the wider financial relationships between sets of figures.

6. Materiality: term describing the financial significance of account balances or other values. Materiality is an important concept in audit planning. It helps to define the level of audit effort needed for each audit area in terms of financial significance.

7. Audited accounts: an independant appraisal of an organization's financial statements, undertaken in accordance with statutory requirements and/or contractual obligations. This involves forming and reporting opinions on the financial affairs and/or systems of the audited body.
8. Post-balance sheet review: a review of significant transactions and operations effected after the year-end and before the audit report is signed.

LA RÉVISION DES COMPTES (suite)

9. Le rapport d'audit est l'expression écrite officielle de l'opinion (de l'auditeur). L'opinion peut consister en un rapport sans réserves, déclarant que les comptes donnent une image fidèle de la situation financière d'une société, ou avec des réserves, exprimant un désaccord, ou un refus de certifier les comptes, pour des raisons spécifiques.

10. L'audit informatique repose sur des tests d'audit sur des systèmes informatisés et sur l'information générée par l'ordinateur, utilisant normalement des logiciels d'audit pour évaluer les contrôles et les données stockées dans les fichiers de la société.

AUDITING (continued)

9. Audit report: the formal written statement of opinion. The opinion may be a 'clean' report, stating that the accounts give a true and fair view on a company's financial position; or 'qualified', stating disagreement or refusal to certify the accounts, due to specific problem areas.

10. Computer-based auditing: audit tests on computerized systems and computer-generated information, normally using audit software to assess controls and data stored in the company's files.

ÉTABLISSEMENT ET PUBLICATION DES COMPTES ANNUELS

1. Les comptes annuels : information disponible, publiée et envoyée aux actionnaires et organismes administratifs, comprenant :
   - le compte de résultat
   - le bilan
   - le tableau de variation des capitaux propres
   - le tableau d'emplois et ressources
   - les notes sur les états financiers
   - le rapport de gestion
   - le rapport du commissaire aux comptes
2. Les notes sur les états financiers comprennent l'information significative expliquant la situation financière d'une société et en particulier :
   - les principes comptables utilisés
   - les notes explicatives sur les principaux comptes
   - un échéancier des dettes
   - une information détaillée des engagements hors bilan
3. Les principes comptables généralement admis correspondent aux conventions comptables appliquées par l'entreprise et qui déterminent les bases de l'évaluation patrimoniale, la constitution des charges et la prise en compte des produits.
4. La comptabilité en coûts historiques : selon ce principe, les comptes sont tenus sur la base du coût historique et excluent normalement d'autres méthodes (comptabilité d'inflation, réévaluation d'actifs, etc.).
5. L'approbation des comptes annuels : les états financiers sont approuvés d'abord par le conseil d'administration et après la révision légale des comptes sont soumis à l'assemblée générale ordinaire pour approbation par les actionnaires.

B PHRASES TYPES

PUBLICATION AND DISCLOSURE OF FINANCIAL STATEMENTS

1. Financial Statements: information supplied, published and sent to shareholders and the public authorities, including:
   – the income statement
   – the balance sheet
   – change in shareholders' funds
   – cash flow statement
   – notes to the accounts
   – directors' report
   – Audit report
2. Notes to the Financial Statements include relevant information explaining a company's financial position:
   - the accounting policies followed
   - explanatory notes on significant account balances
   - details on debt maturities
   - details on contractual commitments, guarantees or contingent risks
3. Generally accepted accounting principles (GAAP): those accounting policies applied by management that determine the bases of valuing assets, determining provision for losses and the recognition of revenue.

4. Historical cost basis of accounting: accounts prepared using historic cost bases and, normally excluding other bases (inflation adjustments, asset revaluations, etc).

5. Approval of the annual accounts: the financial statements are initially approved by the Board of Directors and, subsequent to audit, are submitted to the members annual meeting for their approval by shareholders.

ÉTABLISSEMENT ET PUBLICATION DES COMPTES ANNUELS (suite)

6. Les informations sur les conventions réglementées concernent : les opérations réalisées entre une société et toute autre entreprise quand existe une relation contractuelle ou liée à des participations en capital entre les deux entités.
7. Rémunération des dirigeants : la rémunération des dirigeants et d'autres formes d'intéressement (stock-options, droits à un revenu différé, etc.) devraient normalement être mentionnées dans les états financiers.
8. Dépôt des comptes annuels : une copie des comptes annuels doit être déposée ou envoyée au Greffe du Registre du Commerce.
9. Autres obligations légales de dépôt : lorsqu'un texte l'exige, une copie des comptes annuels et éventuellement des informations périodiques doivent être envoyées aux autorités compétentes (c'est à dire les autorités boursières, la commission bancaire, la commission des assurances, le Ministère des Finances, etc.).
10. Les comptes consolidés d'une société sont prévus pour élargir l'obligation légale d'établir un rapport annuel aux autres entités soumises à son contrôle ou à son influence.

PUBLICATION AND DISCLOSURE OF FINANCIAL STATEMENTS (continued)

6. Related parties' disclosures: transactions between a company and any other enterprise, when there exists a contractual or share cross-holding relationship between the two entities.

7. Directors' interests: Directors' remuneration and other forms of benefits (share options, pension rights, etc.) should normally be disclosed in the financial statements.
8. Filing the statutory accounts: copies of the annual financial statements must be 'filed' or sent to the registrar of companies.
9. Other regulatory filing requirements: copies of the annual accounts and/or periodic returns must, when required, be sent to the relevant authorities (ie, stock exchange, banking commission, insurance commission, tax authorities, etc).

10. Group financial statements are designed to extend the reporting (legal) entity to embrace other entities which are subject to its control or influence.

B PHRASES TYPES

ANALYSE FINANCIÈRE ET FINANCEMENT

1. Le tableau de financement décrit comment les ressources dont a disposé l'entreprise ont permis de faire face à ses besoins. On peut y lire en particulier le montant de la capacité d'autofinancement, l'évolution des capitaux propres et la variation du fonds de roulement.
2. Les composants principaux du besoin en fonds de roulement sont les stocks, et les créances d'exploitation d'une part et les dettes fournisseurs et autres dettes d'exploitation d'autre part.
3. La répartition du bénéfice de la société anonyme a permis une mise en réserves d'un montant supérieur à la distribution des dividendes. Cette politique du P-DG a pour but de financer le développement de la société, dont le capital est régulièrement augmenté avec distribution d'actions gratuites.
4. Le directeur financier a proposé au conseil d'administration de lancer un emprunt obligataire plutôt qu'un emprunt convertible afin d'éviter la dilution future des bénéfices.
5. L'évolution actuelle du cours des actions à la Bourse risque de décourager les petits investisseurs et d'encourager les OPA hostiles.
6. Le trésorier hésite à utiliser les différents moyens de couverture de change à sa disposition. Il pense que les gains latents sur certaines devises devraient compenser les pertes latentes sur d'autres.
7. S'il n'obtient pas une subvention ou un prêt à taux préférentiel, le dirigeant de cette entreprise craint que le dépôt de bilan soit inévitable. Il pourrait toutefois demander un étalement de sa dette et des reports d'échéance.
8. La méthode du délai de récupération semble dans la pratique plus utilisée que la méthode de la valeur actuelle nette ou celle du taux de rendement interne.

PHRASES TYPES

FINANCIAL ANALYSIS AND FINANCING

1. The funds-flow statement shows how a company's resources are applied for its needs. The statement shows, particularly, the company's capacity to generate cash, and the variations in shareholders' funds and working capital.
2. The main components of working capital include the requirements for financing stocks and trade receivables, and the financing available from suppliers' accounts or other payables.
3. An allocation of a limited company's profits to reserves, is made for future dividend distributions. This decision of the directors reflects their policy for financing the development of the company, whereby, capital increases are financed by the issue of 'stock dividends'.

4. The financial director proposed to the board of directors the issue of debenture-stock, instead of convertible debt, in order to prevent a dilution of future profits.
5. The trend of share (stock) prices, may discourage small investors to buy shares and may encourage hostile take-over bids.
6. The treasurer is reluctant to use the different methods/techniques available to hedge against exchange risks. He considers that unrealized gains on certain currencies will compensate any unrealized losses on other currencies.
7. Since he cannot obtain a grant or a loan with preferential rates, a company director fears that bankruptcy is inevitable. He could, however, ask for a debt-reschedule with a longer maturity.
8. The method of delaying repayment, seems to be more common compared to debt discounting methods.

ANALYSE FINANCIÈRE ET FINANCEMENT (suite)

9. N'ayant pu rembourser son emprunt hypothécaire, ce pauvre débiteur a dû laisser vendre aux enchères sa propriété.
10. Le banquier n'a pas accepté un accroissement du découvert bancaire de cette petite société et a refusé d'honorer le paiement de plusieurs chèques sans provision.

FINANCIAL ANALYSIS AND FINANCING (continued)

9. Being unable to re-pay a mortgaged-loan, the unfortunate debtor saw his property sold at an auction.

10. The banker would not agree to an increased overdraft for a small company and he refused to honour cheques presented for payment, which put the overdraft in excess of the agreed limit.

B PHRASES TYPES

ANALYSE DES COÛTS ET CONTRÔLE DE GESTION

1. La comptabilité analytique et la comptabilité financière étaient autrefois séparées mais les systèmes de base de données et l'unicité de saisie des opérations ont tendance à remettre en question les systèmes de traitement et le cloisonnement des métiers de la comptabilité.
2. Le seuil de rentabilité est le montant du chiffre d'affaires qu'il faut réaliser pour équilibrer les charges.
3. Il n'y pas de bénéfice quand la marge sur coûts variables est égale aux charges de structure qui sont fixes.
4. Chaque activité doit dégager une marge de contribution permettant d'absorber les coûts communs.
5. Le coût de production du produit fini comprend des coûts de matières premières, de main-d'oeuvre directe, d'autres charges directes et des charges indirectes réparties.
6. L'analyse de l'écart global sur main-d'oeuvre permet de calculer un écart sur taux horaire et un écart sur temps de travail.
7. Un écart défavorable n'implique pas nécessairement la responsabilité du cadre opérationnel. C'est peut être la prévision qui était erronée.
8. On n'incorpore pas généralement de charges de période dans l'évaluation des en-cours.
9. Grâce à la méthode ABC on a pu améliorer la méthode des centres d'analyse et rendre plus pertinente la répartition des charges indirectes.
10. Le management par activités apporte un pilotage plus élaboré que l'approche budgétaire classique dont l'optique est surtout financière.

B PHRASES TYPES

COST ANALYSIS AND MANAGEMENT ACCOUNTING

1. Cost accounting and financial accounting were formerly separated, but data-based systems and simultaneous postings of transactions, now put into question the traditional accounting methods and the 'departmentalism' of accounting functions.
2. The break-even point is the level of sales required to meet expenses.
3. There is no profit when the margin in excess of variable costs equals fixed costs.
4. Each activity should generate a contribution margin, to absorb the costs of activity.
5. The costs of production for finished goods include raw materials, direct labour costs, other direct costs and a proportion of allocated indirect costs.
6. The variance-analysis of labour costs permits an analysis of labour rates and labour hours.
7. An unfavourable variance may not necessarily be the fault of the operations' managers; the initial budget could have been unrealistic.
8. Normally, period costs are not included in the valuation of work-in-progress.
9. ABC methods provide more effective analysis of activities and a better allocation of indirect costs.
10. Management by activity is more 'focused' on operations compared to traditional budgeting, which is more financially focused.

C GLOSSAIRE ANGLAIS-FRANÇAIS

A

abandonment	cession
abatement	diminution
ABC : **Activity-Based Costing**	coûts à base d'actvité
absorption costing	coût (de revient) complet
accelerated depreciation method	méthode d'amortissement accéléré
access	accès (à la mémoire de l'ordinateur)
accommodation allowance	indemnité de logement
accommodation charges	charges locatives
accommodation paper	billet de complaisance
account	compte ; (relevé de) compte
account for	comptabiliser
accounts	comptes, livres comptables
accounts payable	comptes fournisseur
accounts payable ledger	grand livre des (comptes) fournisseurs
accounts receivable	comptes clients
accountancy	comptabilité
accountant	expert-comptable
accounting	comptabilité
accounting assumptions	conventions comptables
accounting change	changement de méthode comptable
accounting control	contrôle comptable
accounting deficiency	irrégularité comptable
accounting department	service de la comptabilité
accounting entry	écriture (comptable)
accounting error	erreur comptable
accounting for inflation	comptabilité des effets de l'inflation
accounting income	bénéfice comptable
accounting methods	méthodes comptables
accounting period	exercice (financier)

accounting policies	conventions comptables
accounting principles	principes comptables ; normes comptables, règles comptables
accounting procedures	procédures comptables
accounting rate and return	(taux de) rendement comptable
accounting records	livres comptables, documents comptables
accounting system	système comptable
accounting treatment	traitement comptable
accretion	accroissement
accrual	produit à recevoir, charge à payer
accrual principle	principe d'annualité, règle de rattachement (à l'exercice)
accruals	comptabilité d'engagements
accrued payable	charge à payer
accrue	inscrire des produits à recevoir, inscrire des charges à payer
accrued interest	intérêts courus
accrued liability	charge à payer
accrued receivable	produits à recevoir
accrued revenue	produit constaté par régularisation
accumulated	cumulé
acid test ratio	ratio de liquidité
acquisition	acquisition, investissement
acquisition cost	coût d'acquisition
ACT : Advance Corporation Tax	impôts sur les sociétés payées en avance
activity accounting	comptabilité par centres de responsabilité
actual cost	coût réel
actuarial assumptions	hypothèses actuarielles
actuarial cost methods	méthodes actuarielles d'attribution des coûts

GLOSSAIRE ANGLAIS-FRANÇAIS

actuary	actuaire
added value	valeur ajoutée
additional paid-up capital	prime d'émission, surplus d'apport
adjusted trial balance	balance après inventaire
adjusting entry	écriture de régularisation, écriture d'inventaire ; écriture d'ajustement
adjustment	correction, redressement
administrative expenses	frais de gestion, charges administratives
administrator	gestionnaire
advance	acompte ; prêt
advance billing	facturation par anticipation
advance notice	préavis
advance payment	paiement anticipé
adverse opinion	refus de certifier
advertising expenses	frais de publicité
advertising costs	coûts de publicité
advertising (to advertise)	annonces, insertions
affiliated company	société apparentée
agreement	contrat, convention
aged balance	balance par antériorité des soldes
aged trial balance	balance par antériorité des soldes
aggregate amounts	montant global
ageing of accounts receivable	classement par antériorité (des soldes) des comptes clients
AICPA : American Institute of Certified Public Accountants	OEC (Ordre des experts-comptables) américain
allocation	répartition
allocation to reserves	attribution aux réserves
allotted shares	actions attribuées
allowance	dotation, provision
allowance for doubtful accounts	provision pour créances douteuses
amortisation	amortissement des actifs

C GLOSSAIRE ANGLAIS-FRANÇAIS

amortisation expense	dotation aux amortissements
amount brought (carried) forward	report, montant à reporter ; montant reporté
amount of damage	montant du dommage
amounts	montants
analytical review	examen analytique
annual meeting of shareholders	assemblée ordinaire annuelle des actionnaires
annual report	rapport annuel
annuity	annuité, versement périodique
application of funds	emplois (des fonds)
appraisal	évaluation
appreciation	appréciation, plus-value
apprenticeship tax	taxe d'apprentissage
appropriation	affectation
arbitrage	(opération d') arbitrage
arm's length	en concurrence, non privilégié
arrears	arriéré
articles of association	statuts (d'une société)
articles of incorporation	acte de constitution
assess	évaluer
assets	actifs
asset turnover	(taux de) rotation de l'actif
associated company	société apparentée
associate(s)	associés
attorney	fondé de pouvoir
auction sale	vente aux enchères
audit committee	comité d'audit
audit engagement	mission de révision
audit evidence	information probante
audit trail	chemin de révision
auditing	révision des comptes
auditor	commissaire aux comptes
auditor's opinion	certification
auditor's report	rapport de réviseur
authorised shares	nombre d' actions autorisés par les statuts
average cost	coût moyen

B

backlog	commandes en attente
bad debt recovered	recouvrement sur créance
bad debts	créances douteuses
balance	solde/balance d'un compte
balance an account	solder un compte arrêter un compte
balance brought forward	solde a reporter
balance sheet	bilan
balloon loan	emprunt assorti d'un remboursement forfaitaire
balloon payment	versement forfaitaire et final
bank acceptance	acceptation de banque
bank account	compte en banque, compte bancaire
bank charges	frais bancaires, frais de banque
bank collection	recouvrement de banque
bank discount	escompte
bank draft	traite de banque
banker's acceptance	acceptation de banque
bank loan	prêt bancaire ; emprunt bancaire
bank note	billet de banque
bank overdraft	découvert bancaire
bank prime rate	taux (d'intérêt) préférentiel
bank rate	taux d'escompte
bank reconciliation	rapprochement bancaire
bankrupt	en faillite
bankruptcy	faillite
bank statement	relevé bancaire
bargain purchase option	option d'achat a un prix réduit
bargain renewal option	option de renouvellement à un prix préférentiel
base price	prix de référence
base stock	stock minimal

base stock method	méthode du stock minimal
basic earnings per share	bénéfice par action en circulation
basis of calculation	bases de calcul
batch	lot
batch processing	traitement par lot.
bear market	marche a la baisse
bearer	porteur d'une action, d'une obligation ou d'un chèque
bearer bill	effet au porteur
bearer bond	obligation au porteur
bearer cheque	chèque (payable) au porteur
bearer security	titre au porteur
benchmark	point de repère, jalon
beneficial owner	propriétaire (véritable)
benefit in kind	prestation en nature
bid	offre d'achat
bid/asked price	cours acheteur et vendeur
bilateral contract	contrat bilateral
bill	facture, relevé ; effet (de commerce)
bill of exchange	traite
bill of lading	note de chargement
bill of materials	nomenclature
bill of sale	acte de vente, contrat de vente
bill payable	effet à payer
bill receivable	effet à recevoir
billing	facturation
blank cheque	formule de chèque ; chèque en blanc
blocked currency	monnaie non convertible
blue chip (stock)	valeur de premier ordre
board of directors	conseil d'administration
bona fide	de bonne foi
bond	obligation
bond conversion	conversion d'obligations
bond discount	escompte d'émission

bond issue	émission d'obligations
bond market	marche des obligations
bond premium	prime d'émission
bond rating	notation des obligations
bond sinking fund	fonds d'amortissement
bonded goods	marchandises sous douane
bonded warehouse	entrepôt sous douane
bonus	gratification, prime
bonus share	action gratuite, action donnée en prime
books (the)	livres (*ledgers*) ; journaux (*journals*)
book of account	livres de comptes
book of original entry	livre-journal
book profit	profit comptable, bénéfice comptable
book value	valeur comptable
book inventory	stock comptable
bookkeeper	comptable, aide-comptable
bookkeeping	tenue des livres
borrow	emprunter
borrower	emprunteur
borrowing	emprunt
bottleneck	goulot d'étranglement
bottom line	bénéfice net, résultat net
branch	succursale
brand	marque
break-even chart	graphique du point mort
break-even point	point mort, seuil de rentabilité
break-up value	valeur de liquidation
bridging advance	crédit de relais
broker	courtier
brokerage	courtage
brokerage fee	frais de courtage
budget	budget
budgetary control	contrôle budgétaire
budget variance	écart budgétaire

buffer inventory	stock critique
bug	erreur
building	construction
building occupancy expenses	frais d'occupation
bull market	marche à la hausse
business	affaires ; entreprise
business combination	fusion d'entreprises
buy and sell agreement	convention de rachat d'actions
buyer's market	marche a la baisse
buy-out insurance	assurance-rachat de parts (d'associés)
by-laws	statuts ; règlement intérieur
by-product	sous-produit

C

calendar year	année civile
call	appel (de fonds)
call and put option	stellage
call (option)	option d'achat
call premium	prime de remboursement (anticipé)
callable bond	obligation remboursable par anticipation
called-up capital	capital appelé
cancel	annuler
cancellation	annulation
cap	casquette-garantie un taux d'intérêt maximum d'emprunt
capacity	capacité de production
capacity cost	coût de capacité
capacity variance	écart d'activité
capital/capital stock	capital social
capital asset	valeur immobilisé
capital authorized	montant du capital autorisé par les actionnaires
capital budget	budget des investissements
capital cost allowance	amortissement fiscal
capital expenditure	achats d'immobilisations
capital gain	plus-value de cession
capital goods	biens d'équipement
capital increase	augmentation du capital
capital issued	capital émis
capital item	bien immobilisé
capital lease	crédit bail de financement
capital leverage	levier financier
capital loss	moins-value de cession
capital market	marché financier
capital outstanding	capital souscrit non appelé
capital project	projet d'investissement

capital stock	capital social
capital surplus	prime d'émission
capitalization	capitalisation
capitalization of earnings	capitalisation des bénéfices
capitalization rate	taux de capitalisation
capitalize	capitaliser
capitalized expenditure	dépense immobilisée
carry back/carry forward	report sur exercice(s) précédent(s) ou suivant(s)
carrying amount	valeur nette comptable
carry-over	report
cartel	cartel
cash	trésorerie
cash basis of accounting	(méthode de la) comptabilité de caisse
cash book	livre de caisse
cash budget	budget de trésorerie
cash contribution	apport en numéraire
cash discount	escompte pour paiement comptant
cash dividend	dividende en numéraire
cash equivalent	VMP (valeur immobilière de placement), placement à très court terme
cash flow (statement)	(tableau de) flux de trésorerie
cash flow forecasts	prévisions de trésorerie
cash in bank	fonds (disponibles) en banque
cash management	gestion de la trésorerie
cash on delivery (COD)	vente contre remboursement
cash on hand	fonds en caisse
cash outflow	décaissement
cash position	(position de) trésorerie
cash price	prix (au) comptant
cash receipt journal	journal des encaissements
cash requirements	besoins de trésorerie
cash sale	vente au comptant
cash statement	état de caisse
ceiling price	prix plafond

central processing unit	unité centrale de traitement
certified check	chèque certifié
certified public accountant (CPA) (*US*)	expert comptable
chairman	président du conseil d'administration
chairman of the board	président du conseil d'administration
changes in financial position, statement of	tableau de financement
charge	passation en charges
charge off	imputer à l'exploitation
chargeable	affectable, imputable
chargeable hours	heures facturables
chart of accounts	plan comptable (entreprise)
chartered accountant (ACA/FCA)	(*GB*) expert comptable
cheque	chèque
chief accountant	responsable des services comptables
chief executive officer	directeur général
claim paid	sinistre payé
claim settlement	règlement des sinistres
claim statement	décompte du dommage
classification	classement
clean opinion	opinion sans réserve
clean report	rapport sans réserve
clearing account	compte de passage
clearing house	chambre de compensation
clock card	carte de pointage
close corporation	société (fermée) à peu d'actionnaires
closing balance	solde de clôture
closing entries	écritures de regroupement (fin d'exercice)
closing inventory	stock de clôture
code of ethics	code de déontologie

coding of accounts	codification des comptes
collar	col ; garantie d'une zone (fourchette) de taux d'intérêt
collate	interclasser
collateral	nantissement, bien donné en nantissement
collateral loan	prêt garanti
collateral security	sûreté supplémentaire
collect	recouvrer, encaisser
collectible	recouvrable
collection	recouvrement
collection period (of receivables)	délai moyen de règlements des comptes clients
collective agreement	convention collective (de travail)
combined financial statements	états financiers cumulés
comfort letter	lettre d'intention
commercial paper	effet de commerce
commission	commission
commitment	engagement
commodity	marchandise
commodity broker	courtier en marchandises
commodity market	bourse de marchandises
common-dollar financial statements	états financiers en pouvoir d'achat général
common dollars	dollars indexés
common law	droit coutumier
common share	action ordinaire
common-size statement	état dressé en pourcentages
common stock	capital-actions ordinaire
company	société
comparability	comparabilité
comparative figures	chiffres (correspondants) de l'exercice précédent
comparative statement	état comparatif
compensating balance	solde compensateur

compliance procedure	vérification de (la) conformité
compliance test	test de conformité
compound interest	intérêts composés
comptroller	contrôleur (de gestion)
computer assisted audit (techniques) (CAAT)	(techniques de) révision informatisée (tri)
computer audit	révision dans un environnement informatique
computer log	journal de l'ordinateur
condensed financial statements	comptes de synthèse
condominium	association de co-propriétaires
conservatism principle	principe de prudence
consideration	contrepartie
consignee	consignataire, dépositaire
consignment (sale)	vente en consignation
consistency	permanence des méthodes
consistency principle	principe de la permanence (des méthodes)
consolidated balance sheet	bilan consolidé
consolidated financial statements	états financiers consolidés
consolidated goodwill	survaleur, différence de première consolidation
consolidation of subsidiaries	consolidation de sociétés filiales
constant dollars	dollars constants ; dollars indexés
constant dollars method	méthode du pouvoir d'achat général
construction in progress	construction ou travaux en cours
consultant	consultant
consumer goods	biens de consommation
consumer price index (CPI)	indice des prix à la consommation (IPC)
contested claim	créance litigieuse
contingency	éventualité

contingency fund	fonds pour éventualités
contingency reserve	réserve pour risques généraux
contingent asset	(élément d') actif éventuel
contingent liability	dette éventuelle
continuing operations	activités poursuivies
continuity concept	convention de la continuité de l'exploitation
contract	contrat, marché
contract price	prix contractuel
contracting out	impartition ; sous-traitance
contractor	entrepreneur
contribute	cotiser
contributed capital	capital (d'apport)
contribution	apport (de capital) ; cotisation
contribution in kind	apport en nature
contribution margin	marge sur (les) coûts variables
control	influence (dominante) ; contrôle, vérification
control account	compte collectif
controlled company	société dépendante
controller	contrôleur (de gestion)
controlling interest	participation majoritaire
conversion of foreign currency	conversion de devises étrangères
conversion premium	prime de conversion
convertible	convertible
convertible bond	obligation convertible en action ordinaire
convertible preferred stock	action privilégiée convertible en action ordinaire
convertible share	action convertible
convertible stock	actions convertibles
contingent liability	dette probable
copyrights	droits d'auteur
corporate	relatif à une société
corporate body	personne morale
corporate executive	dirigeant de société

corporate expenses	charges du siège social
corporate tax	impôts sur les sociétés
corporation	personne morale
corporation (income) tax	impôts sur les (bénéfices des) sociétés
correcting entry	écriture rectificative
correction of errors	correction d'erreurs
cost	coût, prix d'achat, coût d'acquisition
cost accounting	comptabilité analytique
cost accounting methods	méthodes de détermination du prix de revient
cost allocation	répartition d'un coût
cost analysis	analyse des coûts
cost and freight (C&F)	coûts et fret (CF)
cost/benefit analysis	analyse coûts-rendements
cost centre	centre des coûts
cost flow methods	méthodes (d'évaluation des stocks) fondées sur le flux des coûts
cost of borrowing	frais d'emprunt
cost of capital	coût du capital
cost of goods manufactured	coût des produits fabriqués
cost of goods purchased	coût des marchandises achetées
cost of goods sold	coût des marchandises ou des produits vendus
cost of sales	coûts des produits vendus
cost or market whichever is lower	méthode de la valeur minimale, prix de revient ou valeur vénale
cost-plus contract	contrat à prix coûtant majoré
cost/volume/profit analysis	analyse (des interactions) coût/volume/profit
count sheet	feuille de comptage
coupon	coupon

covenant	contrat avec, clause (restrictive)
covenant not to compete	clause de non-concurrence
cover	couverture
credit	crédit ; avoir du crédit
credit agency	agence d'évaluation du crédit
credit balance	solde créditeur
credit ceiling	plafond de crédit
credit insurance	assurance crédit
credit note	note de crédit
credit outstanding	encours de crédit
credit rating	cote de solvabilité
credit report	rapport de solvabilité
credit risk	risque de crédit
credit sale	vente à crédit
credit squeeze	encadrement du crédit
credit terms	conditions de règlement
creditor	compte à payer, créditeur
creditors' arrangement	concordat
critical path method	méthode du chemin critique
cross-checking	contre-vérification
crossed cheque	chèque barré
crossfooting	addition horizontale
cross-reference	renvoi, référence
cum div./cum dividend	coupon attaché
cum rights	coupon attaché
cumulative dividend	dividende cumulatif
cumulative preferred stock	action privilégiée (préférentielle) dont les dividendes se cumulent
cumulative share	action à dividende cumulatif
currency	monnaie
current account	compte courant
current asset	actif circulant
current assets	actif à court terme
current cost	coût (de remplacement) actuel
current liabilities	dettes à court terme

current liability	dette à court terme
current portion of long term debt	tranche de la dette à long terme (échéant) à moins d'un an
current ratio	ratio de fonds de roulement
current value	valeur actuelle de remplacement
current value accounting	comptabilité en valeurs actuelles
current yield	taux de rendements courant
customers' ledger	grand livre des (comptes) clients
custom order	commande à façon
customs declaration	déclaration en douane
cut-off	coupure de l'exercice, arrêté des comptes
cut-off bank reconciliation	rapprochement bancaire de contrôle
cut-off date	date d'arrêt des comptes

D

data	donnée(s)
data bank	banque de données
data processing	informatique
date of maturity	date d'exigibilité/échéance
date of payment	date de paiement
day book	brouillard
DCF (discounted cash flow)	valeur actualisée nette/flux monétaire actualisé
deadline	date limite
deal	affaire
dealer	courtier, agent de change
debenture	obligation
debit	débit, passation en charges
debit balance	solde débiteur
debit note	note de débit
debt	dette
debt covenant	clause restrictive (d'un contrat de prêt)
debt/equity ratio	ratio dettes/fonds propres
debt to equity ratio	ratio de solvabilité à long terme
debt financing	financement par emprunt
debtor	débiteur
debt ratio(s)	ratio de solvabilité à long terme
decision tree	schéma de décision
decision unit	unité décisionnelle
declaration	déclaration, attestation
declining balance method	méthode de l'amortissement dégressif
decrease in value	perte de valeur
deduct	déduire
deductible	admis en déduction
defalcation	détournement de fonds
default	manquement (à ses engagements)

default interest	arriéré d'intérêts
deferment	report, étalement
deferment of a debt	sursis de paiement
deferral method (investment tax credit)	méthode du report (des dégrèvements d'impôts pour investissements
deferral method of tax allocation	(formule du) report d'impôt fixe
deferred annuity	annuité différé
deferred asset	charge comptabilisée d'avance
deferred charge	charge payée d'avance
deferred cost/expense	charge comptabilisé d'avance
deferred expense	charge comptabilisé d'avance
deferred income	produit comptabilisé d'avance
deferred income taxes	impôts différés
deferred tax	impôt différé
deficiency account	rapport d'insolvabilité
deficiency in assets	insuffisance de l'actif
deficit	déficit
delivery	livraison
delivery lead time	délai de livraison
demand deposit	dépôt à vue
demand loan	prêt remboursable sur demande
denominated in foreign currency	libellé en monnaie étrangère
depletion	amortissement des ressources naturelles
depletion expense	épuisement
deposit	dépôt
deposit account	compte de dépôts
deposit certificate	certificat de dépôt, certificat de placement
deposit in escrow	dépôt en main tierce
depreciable cost	coût amortissable
depreciable life	durée de vie économique
depreciation	amortissement

depreciation allowance	dotation aux amortissements d'un exercice
development costs	frais de développement
depreciation methods	méthodes d'amortissement
depreciation policy	politique d'amortissement
depreciation rate	taux d'amortissement
deputy chairman	vice-président du conseil d'administration
derivatives	instruments dérivés
designated funds	fonds affectés à des fins particulières
detachable warrant	bon de souscription (d'actions) détachable
development expenses	frais de développement, frais de mise au point
differential cost	coût marginal
dilution	dilution
diminishing balance method (of depreciation)	(méthode de l') amortissement dégressif
direct cost	coût direct lié à la fabrication et à la commercialisation
direct costing	méthode des coûts proportionnels
direct labour	main-d'oeuvre directe
direct labour rate variance	écart sur taux de la main-d'oeuvre
direct labour usage variance	écart sur utilisation de la main-d'oeuvre
direct materials	matières directes
direct overhead	frais généraux directs
direct taxes	impôts directs
director	administrateur ; directeur
directors' fees	jetons de présence
disallowed deduction	charge non déductible
disbursement	sortie de fonds, décaissement
disclaimer of opinion	déni de responsabilité
disclosure	publication d'information

disclosure principle	principe de bonne information
discontinued operation	cessation d'activité
discount	réduction commerciale ou financière
discounted cash flow	flux monétaire actualisé
discounted payback period	délai de récupération actualisé
discounted value	valeur actualisée
discount factor	facteur d'actualisation
discounting	actualisation
discount rate	taux d'actualisation
disposal	cession
disposal of assets	cession d'immobilisation
dissolution	dissolution
distributable income	bénéfice distribuable
distributable surplus	excédent distribuable
distribution	distribution
distribution costs	frais de commercialisation
dividend	dividende
dividend coverage ratio	couvertures de dividendes
dividend in arrears	arriéré de dividendes
dividend in script	certificat de dividende provisoire
dividend payable	dividende à payer
dividend payout ratio	ratio des dividendes au bénéfice
dividend per share	dividende par action
dividend yield	rendements des actions
donation	don, donation
dormant company	société inactive
double-declining balance	méthode d'amortissement accéléré ou dégressif
double entry	partie double
double entry bookkeeping	comptabilité en partie double
doubtful account	compte client douteux
doubtful debt	créance douteuse
down payment	versement initial

down time	temps improductif
draft	traite
draft financial statements	projets d'états financiers
drawee	tiré
drawer	tireur
due care	diligence
due date	date d'exigibilité
due on demand	payable sur demande

E

earmark	affecter (une somme) à une fin particulière
earned	réalisé, acquis
earned surplus	réserves et report à nouveau
earning power	rentabilité
earnings	bénéfice; revenu
earnings before taxes	bénéfices avant impôts
earnings per share	bénéfices par action (bénéfice/nombre d'actions en circulation)
earn-out provision	clause afférente aux bénéfices futurs
EBIT (*US*)/PBIT (*GB*) (earnings/profit before interest and tax)	bénéfices avant frais financiers et impôts
economic life	durée économique
economic order quantity	quantité économique de réapprovisionnement
EDP : electronic data processing	traitement électronique de l'information
effectively controlled company	société sous contrôle effectif
effective rate	taux effectif
efficiency variance	écart de rendement
electronic funds transfer system (EFTS)	système de télévirement
eligibility	admissibilité
eligible	admissible
elimination entry	écriture d'annulation
embezzlement	détournement (de fonds)
employee	salarié, employé
employees' contributions	cotisations salariales
employee stock ownership plan (ESOP)	actionnariat des salariés
employer's contribution	cotisations patronales

enabling cost	frais de structure éliminables
encumbrance	engagement
ended on	clos le, terminé le
ending	prenant fin le, se terminant le
ending inventory	stock à la fin (de l'exercice)
endorse	endosser
endorsement	endos
endorsement insurance	assurance en cas de vie
endowment fund	fonds de dotation
engagement	mission
engagement letter	lettre de mission
entertainment expenses	frais de représentation
entity	entité
entry	écriture (comptable)
EOQ : economic order quantity	quantité économique de réapprovisionnement
EPS : earnings per share	bénéfice par action
equalisation fund	fonds de compensation
equity	capitaux propres ; situation nette
equity capital	capital social
equity financing	financement par capitaux propres
equity method	méthode de la mise en équivalence
equity share	action participante
equity to capital ratio	ratio d'endettement
equity to debt ratio	ratio d'autonomie financière
equity value	valeur comptable d'une entreprise ; valeur nette réelle
error	erreur
escalation clause	(clause d') échelle mobile
escalator clause	(clause d') échelle mobile
escrow agent	dépositaire légal
escrow funds	fonds mis en main tierce
estate	succession
estate planning	planification successorale
estimate	estimation

estimated useful life	durée d'utilisation prévue
evasion	fraude
evidence	information probante
examination	(travail de) vérification
except for	à l'exception de
exception	restriction
excess capacity	capacité excédentaire, surcapacité
excess inventory	surstockage
excess of loss reinsurance	réassurance en excédent de sinistres
exchange	devise (étrangère)
exchange adjustment	différence de change
exchange gain	gain de change
exchange loss	perte de change
exchange position exposure	position de change
exchange rate	taux de change
ex div./ex dividend	coupon détaché, dividende détaché
executive committee	directoire
executive officer	cadre de direction
executive vice-president	directeur général adjoint
executor	exécuteur testamentaire
exemption	exemption
exercise price	prix de levée d'option
expenditure	dépense
expense	charge, dépense, frais
expense account	note de frais
expertise	compétence
external audit	révision externe
external auditor	réviseur externe ; commissaire aux comptes
extra dividend	dividende supplémentaire
extraordinary item	poste extraordinaire hors exploitation

F

face amount	valeur nominale
face value	valeur normale
facilities	installations (de production)
factor	société d'affacturage
factoring	affacturage
factory	usine
factory cost	coût de production
factory expenses	frais généraux de production
factory overhead	frais indirects de production
fair market value	juste valeur marchande, valeur vénale
fair presentation	présentation fidèle
fair value	valeur d'utilité
fair value accounting	comptabilité en valeurs actuelles
fair view, fair presentation	image fidèle
farming out	impartition
favorable variance	écart favorable
feasibility study	étude de faisabilité
fee	honoraire
feedback	(boucle de) rétroaction
fiduciary	fiduciaire
fiduciary accounting	comptabilité fiduciaire
field	zone, champ
field work	vérification sur place, travail sur place
FIFO (first-in, first-out)	premier entré, premier sorti
FIFO method	(méthode de l') épuisement successif ; (méthode du) premier entré, premier sorti (PEPS)
file	fichier ; déposer ; classer
file a petition in bankruptcy	déposer son bilan
finance charges	frais financiers

finance company	société de financement
finance contract	contrat de financement
financial accounting	comptabilité générale
Financial Accounting Standards Board (FASB)	(*US*) comité qui publie des recommendations et établit les « principes comptables généralement admis » (*v.* GAAP)
financial analysis	analyse financière
financial analyst	analyste financier
financial auditing	révision des comptes
financial budget	budget financier
financial contribution	apport financier
financial expenses	frais financiers
financial futures market	marché à terme des titres financiers
financial institution	établissement financier
financial instruments	instruments financiers
financial leverage	levier financier
financial management	gestion financière
financial market	marché des capitaux
financial officer	directeur financier
financial period	période comptable
financial position	situation financière
financial position form (of balance sheet)	présentation (du bilan) axée sur le fonds de roulement
financial ratio	ratio financier
financial reporting	(publication de l') information financière
financial risk	risque financier
financial statement	état financier
financial structure	structure des capitaux permanents
financing lease	bail financier
financing plan	plan de financement
finished goods	produits finis
finished goods inventory	stock de produits finis
fire insurance	assurance contre l'incendie

firm	entreprise
firm deal	marché ferme
firm's name	dénomination sociale
first in, first out method (FIFO)	(méthode du) premier entré, premier sorti
fiscal year	exercice (comptable)
fittings	agencements
fixed asset	immobilisation (corporelle)
fixed asset turnover	rotation de l'actif immobilisé
fixed capital	capital fixe
fixed charge	charge fixe
fixed costs	coûts fixes
fixed overhead	frais généraux fixes
fixed premium	prime fixe
fixed price contract	contrat à prix fixe
fixed term deposit	dépôt à terme
fixed working hours	horaire fixe
fixtures	agencements
flat price	prix forfaitaire
flat rate	taux uniforme
fleet	parc
flexible budget	budget variable
flexible working hours	horaire variable
float	couverture ; fonds de caisse
floatation costs	frais d'émission
floating charge	charge flottante
floor price	prix plancher-garantir un taux minimum de prêt
flow	flux
flow-through method (investment tax credit)	méthode d'imputation à l'exercice (des dégrèvements d'impôt pour investissements)
FOB (free on board)	franco à bord (FAB ou FOB)
follow up	donner suite, assurer le suivi
foot	additionner, totaliser
footed	total vérifié
footnote	note (explicative)

forecast	prévision
foreign currency	monnaie étrangère
foreign currency financial statements	comptes établis en monnaie étrangère
foreign currency transactions	opérations conclues en monnaie étrangère
foreign exchange	(opération de) change
foreign exchange contract	contrat de change
foreign exchange gain	gain de change
foreign exchange loss	perte de change
foreign exchange market	marché de change
foreign exchange position	position de change
foreign exchange risk	risque de change
foreign subsidiary	filiale étrangère
foreman	contremaître
forgery	falsification
forward delivery	livraison à terme
forward exchange contract	opération de change à terme
forward price	prix à terme
forward rate	cours à terme
forward rate agreement (FRA)	garantir un taux à un emprunt
franchise	concession, franchise
fraud	escroquerie
free alongside (FAS)	franco (à) quai (FAQ), franco le long du navire
free on board (FOB)	franco à bord (FAB ou FOB)
freight	frais de transport
fringe benefits	avantages sociaux
frozen funds	fonds bloqués
FRS : Financial Reporting Standards	(*GB*) normes comptables
full consolidation	consolidation (globale)
full cost accounts	(méthode du) prix de revient complet
full costing	méthode du coût complet
full disclosure	information complète
full-time staff	personnel permanent

fully diluted earnings per share	bénéfice dilué par action
fully funded pension plan	régime de retraite entièrement provisionné
fully paid share	action (entièrement) libérée
functional accounting	comptabilité par secteurs d'activité
functional classification	classement par fonctions
functional cost	coût fonctionnel
functional currency	monnaie d'exploitation
fund	trésorerie ; fonds ; fonds (de réserve), fonds (de prévoyance)
fund accounting	comptabilité par fonds
funds	fonds, ressources financières, capitaux ; fonds de roulement
funds flow statement	tableau des ressources et emplois
funded debt	dette à long terme
funded pension plan	régime de retraite par capitalisation
funding	provisionnement
funding methods	méthodes actuarielles d'attribution des coûts
fungible goods	biens fongibles
furniture	mobilier
furniture and fixtures	mobilier et agencements
futures	livraisons à terme
futures market	marché à terme
future value	valeur future

G

GAAP : generally accepted accounting principles	principes comptables généralement admis
GAAS : generally accepted auditing principles	normes de révision généralement admises
gain	profit
gearing	ratio d'endettement
general accounting	comptabilité générale
general ledger	grand livre général
geographic segment	secteur géographique
gilt-edged security	(*GB*) obligations d'Etat
going concern principle	principe de continuité d'exploitation
goods	marchandises
goods in process	produits en cours (de fabrication)
goods in transit	marchandises en transit
goods on consignment	marchandises en consignation
goodwill	survaleur, fonds de commerce
goodwill on acquisition	survaleur d'acquisition
go public	s'introduire en bourse
government regulations	règles gouvernementales
grandfather clause	clause de droits acquis
grant	subvention
gross	brut
gross margin	bénéfice brut ; marge commerciale
gross profit	bénéfice brut
gross profit ratio	ratio de la marge (bénéficiaire) brute
gross sales	chiffre d'affaires brut
gross-up	majoration
group	groupe
group accounts	comptes de groupe

guarantee	garantie, caution, cautionnement
guaranteed price	prix de soutien, prix de garanti
guidelines	lignes de conduite

H

hard copy	sortie sur papier
hard currency	monnaie forte
hard loan	prêt a conditions rigoureuses
hardware	matériel (informatique)
hash total	total de contrôle
heading	en-tête
head office	siège social
health insurance	assurance-maladie
hedge	(opération de) couverture
hedger	arbitragiste en couverture
hedging	arbitrage
hidden reserve	réserve occulte
highlights	points saillants
hire purchase	location-vente
historical cost	coût historique
historical cost accounting	comptabilité au coût historique
holdback	retenue de garantie
holding company	société de portefeuille, société de holding
holding gain	gain de détention
holding loss	perte de détention
horizontal analysis	analyse horizontale
horizontal business combination	concentration horizontale
horizontal integration	intégration horizontale
hot money	capitaux flottants

hourly rate	taux horaire
human resource accounting	comptabilité des ressources humaines
hypothecate	hypothéquer, nantir

I

IAS : International Accounting Standard	normes comptables internationales établies par l'IASC
IASC : International Accounting Standards Committee	organisme international de doctrine comptable
ICAEW	OECCA en angleterre
idle capacity	capacité (de production) non utilisée
idle capacity cost	coût de la sous-activité
idle time	temps improductif immatériel
impairment of capital	insuffisance des capitaux propres
imprest fund	fonds de caisse a montant fixe
imputed cost	coût réparti
imputed earnings	profits théoriques
imputed interest	intérêts implicites
inactive inventory	stock dormant
in arrears, to be	avoir de l'arriéré
in bond	sous douane
incentive	mesure incitative
incentive pay	salaire au rendement
incentive plan	régime d'intéressement
incidental cost	frais accessoires
incidental expenses	frais accessoires
income	revenu, produit, bénéfice
income from continuing operations	bénéfice tiré des secteurs (d'activité) en exploitation

income from discontinued operations	bénéfice tiré des secteurs (d'activité) abandonnés
income per share	bénéfice par action
income recognition methods	(méthodes de) comptabilisation du profit
income smoothing	lissage des bénéfices
income statement	compte de résultat
income tax (*GB*)	impôt sur le revenu
income tax (*US*)	impôts sur les sociétés
income tax reassessment	redressement fiscal
income tax return	déclaration fiscal
inconsistency	manque de continuité
incorporation	constitution en société de capitaux
incorporation expenses	frais de constitution
incremental analysis	analyse marginale
incremental cost	coût marginal
incumbent	titulaire
incur	engager (une dépense) ; constater (une dette) ; subir (une perte)
indebtedness	endettement, dette(s)
indenture	contrat synallagmatique
index	indice
indexation	indexation
indexed bond	obligation indexée
indirect costs	coûts indirects
indirect materials	matières indirectes
indirect taxes	impôts indirects
in duplicate	en double
industry	industrie, secteur d'activité
in effect	en vigueur
inflation accounting	comptabilité des effets de l'inflation
information retrieval	recherche d'informations
inheritance	héritage

in-house data processing	traitement de l'information sur place
in-house software	logiciel-maison
in-house training	formation interne
initial direct costs	frais initiaux directs
initial expense	frais d'établissement
input	facteur de production, intrant ; saisie
input/output analysis	analyse d'entrées-sorties
input/output ratio	rendement technique
insider	initié
insider trading	opération d'initié
insolvency	insolvabilité
inspection	inspection
instalment	versement
instalment loan	prêt remboursement par versements
installation expenditures	frais d'installation
instalment receivables	ventes a tempérament
insurance	assurance
insurance contract	contrat d'assurance
insurance coverage	risque assuré
insurance fund	fonds d'assurance
insurance policy	contrat d'assurance
insurance premium	prime d'assurance
intangible asset	immobilisation incorporelle, actif incorporel
inter-company account payable	compte créditeur intersociétés
inter-company account receivable	compte débiteur intersociétés
inter-company accounts	comptes intersociétés
inter-company elimination	écriture d'élimination
inter-company profit	profit intersociétés
inter-company transaction	opération intersociétés
interest	frais financiers
interest coupon	coupon d'intérêt

interest coverage ratio	(ratio de) couverture de l'intérêt
interest due	intérêts échus
interest earned	produits financiers
interest expense	frais financiers
interest in arrears	arriéré d'intérêts
interest rate	taux d'intérêt
interest rate futures market	marché a terme sur (les) taux d'intérêt
interface	interface, jonction, liaison
interim financial statement	état financier périodique
interim financing	financement provisoire
interim report	rapport périodique
interim results	résultats périodiques
intermediary	intermédiaire
internal audit	vérification interne
internal auditor	vérificateur interne
internal control	contrôle interne
internal rate of return (IRR)	taux de rentabilisé interne d'un investissement
internal rate of return method	méthode du (taux de) rendement effectif
intestate	intestat
in trust	en fiducie
inventoriable costs	charges incorporables
inventory	stock, inventaire
inventory control	contrôle des stocks
inventory cost allocation methods	méthodes d'évaluation des stocks
inventory difference	écart d'inventaire
inventory holding gain	gain de détention sur stocks
inventory management	gestion des stocks
inventory record card	fiche de stock
inventory turnover	rotation des stocks
inventory valuation methods	méthodes de valorisation des stocks
invested capital	capital permanent

investee	société émettrice
investigation	étude spéciale
investment	investissements ; mise de fonds ; placement ; (titres de) participation
investment income	revenu de placement
investments	immobilisations financières, valeurs mobilières, déplacement, titres de placement ou de participation, parts, etc.
investor	investisseur
invoice	facture
issue (to issue)	émission (émettre)
issue price	prix d'émission, cours d'émission
issued capital	capital émis
issued shares	actions émises
issued shares	actions émises
item	compte ; rubrique ou poste du bilan

J

jobber	intermédiaire
jobbing workman	façonnier
job cost system	(méthode du) prix de revient par commande
job description	description de(s) fonction(s)
job evaluation	évaluation des tâches
job lot production	production par lot(s)
job order costing	(méthode du) prix de revient par commande
joint account	relevé d'une société en participation
joint audit	co-commissariat (mission d'audit effectuée par deux cabinets)
joint venture	société en participation
journal	journal
journal entry	écriture au journal
journal voucher	pièce justificative
journalize	journaliser

K

key employee	personnel clé
kiting	fraude par tirage à découvert
know-how	savoir faire

L

labelling	étiquetage
labour	main-d'oeuvre
labour agreement	convention collective (de travail)
labour cost	coût de la main-d'oeuvre
labour-efficiency variance	écart sur utilisation de la main-d'oeuvre
labour-intensive industry	industrie à prédominance de main-d'oeuvre
labour-rate variance	écart sur taux de la main-d'oeuvre
labour turnover	rotation du personnel
labour union	syndicat (ouvrier)
labour-usage variance	écart sur utilisation de la main-d'oeuvre
labour variance	écart sur main-d'oeuvre (directe)
land	terrain
landlord	propriétaire
lapping	fraude par reports différés
lapse	expirer
last in, first out method	(méthode du) dernier entré, premier sorti
lay off	licenciement ; mise en chômage technique

lead time	délai d'approvisionnement ; délai de mise en production
learning curve	courbe d'apprentissage
lease	bail, contrat de crédit-bail
lease-option agreement	bail avec option d'achat
lease renewal	renouvellement du bail
lease term	durée du bail
leaseback	(contrat de) cession-bail
leasehold	droit au bail
leasehold improvements	améliorations locatives
leasing	(opération de) crédit-bail
ledger	grand livre, registre comptable
legal adviser	conseiller juridique
legal charges	frais juridiques
legal entity	entité juridique
legal reserve	réserve légale
legatee	héritier
legator	testateur
lender	prêteur
lending institution	établissement de crédit
lessee	locataire ; loueur d'un bien loué en crédit-bail
lessor	bailleur ; possesseur d'un bien loué en crédit-bail
letter of credit	lettre de crédit
letter of representation	lettre déclarative de responsabilité
leverage	levier financier ; levier d'exploitation ; levier opérationnel
leverage ratio	ratio de levier
liability	dette
liability account	compte de passif
liability insurance	assurance responsabilité civile
liabilities	passif
licence	licence
life insurance	assurance-vie
LIFO (last-in, first-out)	dernier entré, premier sorti

light, heat and power chauffage et énergie
limited (audit) assurance déclaration restreinte de fiabilité
limited liability responsabilité limitée
  limited (liability) company société de capitaux (SARL et SA)
limited partner commanditaire
limited partnership société en commandite (simple)
line of credit ligne de crédit
liquid assets actif(s) liquide(s)
liquidation liquidation ; remboursement ; amortissement d'une dette
  liquidation value valeur de liquidation
liquidator liquidateur
liquidity ratio ratio de liquidité
listed corporation société cotée en bourse
listed securities titres inscrits à la bourse
list price prix courant
litigation procès
living allowance indemnité de séjour
loan prêt, emprunt
log book journal de bord
long-form report rapport long et détaillé
long position position en compte, position acheteur ; position créditrice, position à couvert
long-term assets actif(s) à long terme
long-term borrowing emprunt à plus d'un an
long-term contract contrat à long terme
long-term debt long-term liability dette à long terme
long-term investment participation permanente
long-term liabilities passif à long terme
long-term liability dette à plus d'un an
long-term receivable créance à plus d'un an
loophole échappatoire, lacune, faille
loss perte ; sinistre

loss carry back	report en arrière des déficits
loss carry forward	report des déficits aux exercices suivants
loss carry-over	report de perte
loss claim	sinistre
loss of profits insurance	assurance perte exploitation
loss in value	moins-value
lower of cost or market	méthode de valorisation des éléments d'actif à partir de la plus faible valeur entre le coût de revient et le coût d'acquisition
lump sum	somme forfaitaire
lump-sum death benefit	capital-décès
lump-sum purchase	achat à prix forfaitaire

M

machinery and equipment	matériel et équipement
machine shop	atelier d'usinage
machine time record	feuille de machine
magnetic ink character recognition (MICR)	lecture des caractères magnétiques
magnetic tape	bande magnétique
mail	mettre à la poste
mailing	publipostage
mailing list	fichier d'adresses
main frame	unité centrale de traitement informatique
main contractor	maître d'oeuvre, entrepreneur général
main storage	mémoire principale, mémoire centrale
maintenance	entretien
majority interest	participation majoritaire
make-or-buy decision	décision de fabriquer ou d'acheter
manage	gérer
management	direction et gestion
management accounting	comptabilité de gestion, comptabilité analytique
management advisory services (MAS)	conseils de gestion
management audit	vérification opérationnelle
management by exception	direction par exception
management by objectives (MBO)	direction par objectifs
management by responsibility centre	gestion par centres de responsabilité(s)
management consultant	conseil(ler) en gestion
management control	contrôle de gestion
management fees	frais de siège ; frais de gestion

management information system (MIS)	système d'information de gestion
management letter	lettre de recommandations
manager	dirigeant, cadre, gérant
managing director	directeur général
manufacturing	fabrication, production
manufacturing cost	coût de production, coût de fabrication
manufacturing costs	charges de production
manufacturing expenses	frais généraux de production
manufacturing overhead	coût indirect de production
manufacturing process	(processus de) fabrication
margin	marge
margin of safety	marge de sécurité
marginal	marginal
marginal cost	coût marginal
marginal costing	méthode des coûts différentiels
marginal tax rate	taux d'imposition marginal
mark-down	démarque (des prix)
market	marché, prix courant, valeur vénale, valeur du marché
market price	prix du marché, prix courant, valeur vénale
marketable securities	valeurs négociables
marketable security	titre de placement coté
marketing	commercialisation, marketing
marketing costs	frais de marketing
mark-up	marge sur coût d'achat, marge commerciale
master budget	budget directeur
master file	fichier maître
matching	rapprochement
matching of maturities	accord des échéances
matching principle	principe de rapprochement des coûts et des produits de la même période

material	significatif
material usage variance	écart sur quantité des matières
material variance	écart sur matières
material price variance	écart sur prix des matières
material requisition	demande de matières, bon de magasin
materials	matières
materiality	importance relative
materiality level	seuil de signification
materiality principle	principe de l'importance relative
maturity	(date d') échéance
maturity date	date d'échéance
maturity value	valeur à l'échéance
mean	moyenne
median	médiane
meet a deadline	respecter un délai
memorandum of association	statuts (constitutifs)
merger	fusion
merger premium	prime de fusion
middle management	cadres moyens
minimum lease payments	paiements minimaux exigibles en vertu d'un bail
minimum stock	stock minimal
minority group	groupe minoritaire
minority interests	intérêts minoritaires
minute book	(registre des) procès verbaux
minutes	procès verbal
miscellaneous assets	actifs divers
miscellaneous expense	autre charge
mirepresentation	information fausse et trompeuse
misstated	déclaration erronée
mix	composition
monetary	monétaire
monetary asset	(élément d') actif monétaire
monetary gain	gain de pouvoir d'achat

monetary liability	(élément de) passif monétaire
monetary loss	perte de pouvoir d'achat
money market	marché monétaire
moonlighting	travail au noir
mortgage	hypothèque
mortgage bond	obligation garantie par une hypothèque
mortgage loan	prêt hypothécaire
mortgage loan payable	emprunt hypothécaire
mortgage payable	emprunt hypothécaire
mortgagor	emprunteur ; débiteur hypothécaire
mutual fund	société d'investissement à capital variable ; fonds commun de placement

N

negative goodwill	déficit d'acquisition (« badwill »)
negative shareholder's equity	excédent du déficit sur les fonds propres
negative working capital	fonds de roulement négatif
net assets	actif net
net asset position	position nette
net asset value	valeur liquidative
negotiability	négociabilité
net book value	valeur comptable (nette)
net current assets	actifs circulants nets
net income	résultat de l'exercice
net liability position	position nette créditrice
net liquid assets	actif liquide net
net loss	perte de l'exercice
net of tax(es)	net d'impôts
net present value	valeur actuelle nette
net present value method	méthode de la valeur actualisée nette
net profit	bénéfice (net) de l'exercice
net profit ratio	ratio du bénéfice net
net quick assets	liquidités nettes
net realizable value	valeur de réalisation nette
net realizable value less normal margin	valeur de réalisation nette hors marge normale
net salary	salaire net
net sales	chiffre d'affaires net
network analysis	analyse de cheminement
net working capital	fonds de roulement net
net worth	situation nette
NIFO method (next in, first out)	méthode du prochain entré, premier sorti
nominal rate	taux nominal
nominal value	valeur nominale

nominee	propriétaire à titre d'intermédiaire
non-arm's length	avec lien de dépendance
non-cancellable	non résiliable
non-cumulative preferred stock	action privilégiée sans valeur minimale
non-executive director	administrateur externe
non-monetary item	élément non monétaire
non-profit organisation	organisme sans but lucratif
non-recurring	non récurrent
non-returnable container	emballage non consigné
non-tax revenue	recettes non imposables
non-voting share	action sans droit de vote
non-voting stock	action sans droit de vote
no par stock	action sans valeur nominale
no par value share	action sans valeur nominale
normal capacity	capacité normale d'activité
note payable	effet à payer
note receivable	effet à recevoir
note receivable discounted	effet remis à l'escompte
notes to financial statements	information annexe aux états financiers
not sufficient funds (NSF) cheque	chèque sans provision
number of days' purchases in average payables	durée moyenne de règlement des comptes fournisseurs
number of days' sales in average inventory	délai moyen de rotation des stocks
number of days' sales in average receivables	délai moyen de règlement des comptes des clients

O

obligation	obligation
observation	observation
obsolescence	obsolescence
occupancy expenses	charges locatives
off-balance sheet commitment	engagement hors bilan
off-balance sheet financing	financement sans effet sur le bilan
office	bureau
office equipment	matériel de bureau
office supplies	fournitures de bureau
office technology	bureautique
officer	dirigeant, cadre
off-line processing	traitement (en) différé
offset	compenser
offsetting entry	écriture de compensation
on account	acompte
on hand	en stock ; disponible
on-line processing	traitement en direct
on sight	à vue
on-the-job training	formation en cours d'emploi
opening balance	solde d'ouverture
opening balance sheet	bilan initial
opening entry	écriture d'ouverture
opening inventory	stock au début de l'exercice
operate	exploiter
operating assets	actif(s) d'exploitation
operating budget	budget d'exploitation
operating company	société exploitante
operating cycle	cycle d'exploitation
operating expense	charge d'exploitation
operating income	résultat d'exploitation
operating lease	contrat de location (redevances passés en charge)

operating leverage	levier opérationnel
operating profit	résultat d'exploitation
operating ratio	ratio d'exploitation
operating ratios	ratios d'exploitation
operating results	résultats d'exploitation
operating statement	compte d'exploitation générale
operating system	système d'exploitation
operational audit	vérification opérationnelle
opportunity cost	coût de renonciation
optical character recognition (OCR)	lecture optique
option	(droit d') option-instrument de gestion de risque
order	commande, ordre (d'achat)
ordinary shares	actions ordinaires
organisation	organisation
organisation chart	organigramme
organisation expenses	frais de constitution
organisation planning	planification de l'organisation
organisation structure	structure d'organisation
original cost	coût historique
other assets	autres éléments d'actif
outlay	sortie de trésorerie
outlet	point de vente
out-of-date	périmé
out-of-pocket costs	frais remboursables
out of stock	rupture de stock
output	production
outstanding	non réglé
outstanding shares	actions en circulation
overabsorb	surimputer
overcapitalisation	surcapitalisation
overdraft	découvert (bancaire)
overdue	en retard, échu
overhead	frais généraux
overhead application	imputation des frais généraux

overhead rate	coefficient d'imputation des frais généraux
overstated	surévalué
overstock	surstocker
over-the-counter market	marché hors cote, gré à gré
overtime	heures supplémentaires
owner	propriétaire
owner's equity	capitaux propres

P

package (software)	progiciel
packaging	emballage
paid	payé
paid-in capital/surplus	prime d'émission
paid-up capital	capital libéré
paper profit	plus-value non matérialisé
parcel of land	terrain, lot
parent company	société mère
pari passu	de même rang
parity	parité
partially funded pension plan	régime de retraite par capitalisation partielle
participating share	action avec privilège de participation
partly paid share	action non (entièrement) libérée
partner	associé
partnership	société de personnes
par value	valeur nominale
pass	laissez-passer
passbook	livret de banque
password	mot de passe
past due	en retard, échu
patent	brevet
patent infringement	contrefaçon
patent pending	brevet en instance
pawn	gage
pawnbroker	prêteur sur gage(s)
pay	payer, régler ; paie, salaire
payable	exigible ; à payer
payable on demand	payable à vue
payback period	période de récupération
pay cash	payer comptant
payee	bénéficiaire
payment date	date de paiement

payment in advance	paiement anticipé
payment in kind	paiement en nature
payment on account	acompte
pay off	acquitter
payroll	livre de paie ; bordereau de paie
payroll accounting	comptabilité de paye
payroll deductions	retenues salariales
payroll department	service de la paye
payroll taxes	charges sociales
PBIT (*GB*)/EBIT (*US*) **(profit/earnings before interest and tax)**	bénéfices avant frais financiers et impôts
peak period	période de pointe
peer review	inspection professionnelle
penalty clause	clause pénale
penalty interest	intérêts moratoires
pension	pension, retraite
pension fund	caisse de retraite
pension liability	dette au titre d'un régime de retraite
pension obligations	engagements au titre d'un régime de retraite
pension plan	régime de retraite
pension trust agreement	convention de fiducie
percentage of completion method	comptabilisation en fonction de l'avancement des travaux
per diem allowance	indemnité journalière
performance	rendement
performance appraisal	évaluation du rendement
performance bond	garantie de bonne exécution
performance guarantee	garantie de bonne exécution
performance report	rapport de rendement
performance review	évaluation de la performance
period costs	coûts non incorporables
periodic inventory	inventaire périodique
perpetual inventory	inventaire permanent

peripheral equipment	matériel périphérique
perks	avantages
permanent differences	écarts permanents
perpetual inventory (method)	(méthode de l') inventaire permanent
perpetuity	rente perpétuelle
personal accounts	compte de tiers
personal record	dossier personnel
personal department	service du personnel
PERT : program evaluation and review technique	méthode de programmation optimale
petty cash fund	fonds de caisse
physical inventory	inventaire physique
physical inventory attendance	présence à l'inventaire (physique)
piecework	travail aux pièces
plan	plan, programme
planning	planification
planning programming and budgeting system (PPBS)	rationalisation des choix budgétaires (RCB)
plant	installations (de production)
plant and equipment	installations (de production)
plant layout	aménagement de l'usine
pledge	donner en gage
plow back	réinvestir
plug figure	montant trouvé par différence
policy	police d'assurance ; politique ; ligne de conduite
pool	mettre en commun
pool funded	caisse en gestion commune
pooling of interest method	méthode de la fusion d'intérêts en commun
portfolio	portefeuille
portfolio investment	placement de portefeuille
portfolio management	gestion de portefeuille
post-acquisition	après acquisition
postage expenses	frais postaux

post-balance sheet event	événement postérieur au bilan
postdated	postdaté
posting	passer une écriture comptable
power of attorney	procuration (écrite), mandat
practical capacity	capacité pratique (de production)
pre-acquisition	avant acquisition
predetermined factory overhead rate	coefficient prédéterminé d'imputation des frais généraux de fabrication
predictor	indicateur prévisionnel
pre-emptive right	droit préférentiel de souscription
preference share	action privilégiée
preferred creditor	créancier privilégié
preferred stock	actions privilégiées
preliminary expenses	frais de premier établissement
premium	prime
premium on shares	prime d'émission (d'actions)
pre-operating expenses	frais de démarrage
prepaid expense	charge payée d'avance
prepayment	paiement anticipé
prescribed time	délai réglementaire
prescription	prescription
present value	valeur actualisée
present value factor	facteur d'actualisation
price	prix
price earnings ratio (PER)	taux de capitalisation des bénéfices
price ex-works	prix départ usine
price index	indice de(s) prix
price list	tarif
price variance	écart de prix
prime rate	taux 'd'intérêt) préférentiel
print-out	sortie sur imprimante
prior period adjustment	pertes et profits sur exercices antérieurs

private company	société fermée
private offering	émission à diffusion restreinte
proceeds	sommes dues
proceeds of sales	produits des ventes
process	processus
process cost system	coût de revient par stades
processing time	délai de mise en oeuvre
procurement	approvisionnement
procurement contract	marché public
procurement lead time	délai d'approvisionnement
product costs	coûts incorporables
production	production fabrication
production budget	budget de production
production control	contrôle de la production
production cost	coût de production
production cycle	cycle de production
production schedule	calendrier de production
productivity	productivité
product line	gamme de produits
product mix	combinaison (optimale) de(s) produits
professional liability insurance	assurance responsabilité professionnelle
profit	bénéfice (net)
profit and loss account	compte de résultat
profit centre	centre de profit
profit margin	marge bénéficiaire
profit maximisation	maximisation du profit
profit sharing	participations aux bénéfices
profit-volume ratio	ratio de marge bénéficiaire nette
profitability	rentabilité
profitability study	étude de rentabilité
pro-forma earnings per share	bénéfice pro forma par action
pro-forma invoice	facture pro forma
pro-forma statements	états financiers pro forma
program	programme
program budgeting	établissement de budgets par programme

program evaluation and review technique (PERT)	méthode de programmation optimale
programmer	programmeur
progress billing	facturation au prorata des travaux
progressive tax	impôt progressif
progress payment	paiement au prorata des travaux, acompte
progress report	rapport d'activité
projection	pronostic, prévision (financière)
promissory note	billet à ordre
promoter	promoteur
promotional expenses	frais promotionnels
property	bien
property, plant and equipment	terrains, constructions et matériels
property tax	impôt foncier
proportional tax	impôt proportionnel
proportionate consolidation	intégration proportionnelle
proprietorship	entreprise individuelle
pro rata	prorata
prorogation	prorogation
prospectus	prospectus (d'émission)
provident fund	réserve de prévoyance
provision	provision ; dotation
provision for contingency	provision pour risque
proxy	fondé de pouvoir
public accountant	expert-comptable
public company	société ouverte
public issue	appel public à l'épargne
public offering	appel public à l'épargne
public utilities (company)	(entreprise de) services publics
purchase	achat, acquisition
purchase allowances	rabais sur achats
purchase book	journal des achats
purchase option	option d'achat

purchases journal	journal des achats
purchases ledger	livre des achats
purchaser	acheteur
purchasing cost	coût d'achat
put (option)	option de vente
put and call option	stellage

Q

qualified opinion	opinion avec réserve
qualified report	rapport avec réserve
qualify	exprimer une réserve
qualifying share(s)	action(s) de garantie
quality control	contrôle de (la) qualité
quarterly financial statements	comptes trimestriels
quick asset	actif disponible
quick ratio	ratio de liquidité
quotation	proposition (de prix) ; cotation
quoted list	côte officielle
quoted market price	cours de bourse
quoted share	action inscrite en bourse

R

random access memory (RAM)	mémoire vive, mémoire à accès sélectif
random sampling	échantillonnage probabiliste
range	fourchette
range forecasts	fourchette de prévisions
rank junior	être subordonné à
rank pari passu	avoir égalité de rang
rank prior	avoir priorité de rang
rate	taux
rate of exchange	(taux de) change
rate of interest	taux d'intérêt
rate of inventory turnover	(taux de) rotation des stocks
rate of return	taux de rentabilité
rating agency	agence d'évaluation du crédit
ratio analysis	analyse indiciaire
raw material	matière première
raw material price variance	écart sur prix des matières
raw material usage variance	écart sur quantité des matières
raw material variance	écart sur matières
R & D expenses	frais de recherche et de développement
reader	lecteur
read only memory (ROM)	mémoire morte, mémoire fixe
real estate	biens immobiliers
real estate company	société immobilière
real estate tax	impôt foncier
realisable value	valeur de réalisation
realisation principle	principe de réalisation
realised exchange gains or losses	différences de change réalisés
real property	biens immobiliers
real time	en temps réel
real time processing	traitement en temps réel
rebate	rabais, remise

recapitalisation restructuration du capital
receipt encaissement ; réception ; reçu
receivables comptes clients ; montants à recevoir
  receivables turnover (taux de) rotation des comptes clients
receivable from créance sur
receiver administrateur judiciaire
receivership (in) en règlement judiciaire
receiving report bordereau de réception
recipient bénéficiaire
reciprocal accounts comptes réciproques
reconciliation of accounts rapprochement de comptes
record registre comptable ; document ; enregistrement
records registres (et pièces) comptables
recovery recouvrement
recurring récurrent
redeem rembourser (des obligations)
redeemable amortissable ; remboursable
  redeemable bond obligation remboursable par anticipation
  redeemable share action rachetable
  redeemable stock actions rachetables
redeemed share action rachetée
redemption remboursement
  redemption fund fonds de remboursement
  redemption premium prime de remboursement
  redemption price prix de rachat
reducing balance method (of depreciation) (méthode de l') amortissement dégressif
reduction of capital réduction du capital
refinancing refinancement (de l'entreprise)
refund remboursement
refunding refinancement (d'une dette)
register livre, registre, journal
registered mail courrier recommandé

registered share	action nominative
registered shareholder	actionnaire inscrit
registered trademark	marque déposée
registrar	greffe
registrar of mortgages	conservateur des hypothèques
registration fees	droits d'enregistrement
reinsurance	réassurance
reinvested earnings	bénéfices non répartis
reject	pièce rejetée
related company	société apparentée
related parties	entreprises apparentées
related party transactions	opérations entre apparentés
relevance	pertinence
reliability	fiabilité
remaining life	durée de vie restante
remittance slip	bordereau de paiement
remote access	accès à distance
remote batch processing	télétraitement par lots
remuneration	rémunération
rent (to rent)	loyer (louer)
rental value	valeur locative
reordering	approvisionnement
reorder point	seuil de réapprovisionnement
reorganisation	réorganisation
repair	réparation(s)
repayment	remboursement
replacement accounting	(méthode d') imputation axée sur le remplacement
replacement cost	coût de remplacement
replenishment time	délai d'approvisionnement
report	rapport
reporting standards	normes de présentation (de l'information) ; normes concernant le rapport du réviseur
reporting system	système d'information comptable

representation letter	lettre déclarative de responsabilités
requisition	demande
re-run	réexécution
Research and Development expenses	frais de recherche et de développement
research expenses	frais de recherche
reservation (of opinion)	opinion défavorable
reserve	réserve
reserve for contingencies	réserve pour éventualités
reserve fund	fonds (de prévoyance)
reserves	réserves
residual income	bénéfice résiduel
residual value	valeur résiduelle
responsibility accounting	comptabilité par centres de responsabilité
responsibility centre	centre de responsabilité
restated	retraité
restricted	avec restrictions
retailer	détaillant
retail price	prix au consommateur
retail sale	vente au détail
retained earnings	réserves, y compris bénéfices et rapport à nouveau
retention of title clause	clause de réserve de propriété
retirement	mise hors service ; retraite
retirement plan	régime de retraite
retractable bond	obligation encaissable par anticipation
retrieval time	temps d'accès à l'information
return	déclaration ; rendement, revenu
return on assets	(taux de) rendement de l'actif
return on equity	(taux de) rendement des capitaux propres
return on investment (ROI)	(taux de) rendement de capital investi
returnable container	emballage consigné

revaluation	réévaluation
revaluation reserve	réserve de réévaluation
revaluation surplus	plus-value de réévaluation
revalue	réévaluer
revenue	produit ; revenu ; recette
revenue accounts	comptes de produits
revenue and expenditure, statement of	état des recettes et dépenses
revenue department	administration fiscale
revenue received in advance	produit reçu d'avance
revenue recognition	constatation des produits
reversal	contrepassation
reverse takeover	prise de contrôle inversée
reversing entries	écritures de contrepassation.
revolving credit	prêt à terme renouvelable
revolving fund	fonds renouvelables
rider	clause additionnelle
right	droit de souscription
rights issue	émission de droits
risk	risque
risk assessment	appréciation du risque
risk capital	capital risque
risk management	gestion des risques
roll	tableau, liste
rolling budget	budget continu
rolling stock	matériel roulant
roll-over provision	disposition de roulement
ROM : read only memory	mémoire fixe
routing	acheminement
royalty	redevance
royalties	droits d'auteur, redevances
ruling	décision anticipée

S

safeguarding of assets	préservation du patrimoine
safety stock	stock de sécurité
salaried employee	salarié
salaries and wages	frais de personnel
sale	vente ; solde
sale and leaseback	(contrat de) cession-bail
sale by private agreement	vente de gré à gré
sales	chiffre d'affaires
sales allowances	rabais sur ventes
sales budget	budget des ventes
sales commitment	promesse de vente
sales discount	escompte sur ventes
sales force	force de vente
sales journal	journal des ventes
sales mix	composition du chiffre d'affaires
sales order	commandes sur ventes
sales promotion	promotion des ventes
sales tax	taxe sur les ventes
sales-type lease	(contrat de) location-vente
salvage value	valeur résiduelle
sample	échantillon
sampling	sondage
savings bond	obligation d'épargne
scan	examiner sommairement
scatter diagram	diagramme de dispersion
schedule	programme
scrap	déchet (de fabrication)
scrap value	valeur de rebut
scrip dividend	certificat de dividende provisoire
scrutinise	examiner soigneusement
SEC : Securities and Exchange Commission	équivalent de la commission des opérations de bourse (COB)

secondary market	marché secondaire
second-hand goods	(marchandise d') occasion
secret reserve	réserve occulte
secured liability	dette (assortie d'une) garantie
secured loan	emprunt garanti
securities listing	côte (officielle)
securities market	marché des valeurs mobilières
security	titre de placement ; valeur mobilière
seed money	capitaux de lancement
segment	secteur
segmented information	information sectorielle
seller's market	marché vendeur
selling and administrative expense	frais de vente ; frais administratif
selling expenses	frais de vente
selling overhead	coûts indirects de vente
selling price	prix de vente
sell short	vendre à découvert
semi-direct costs	charges semi-directes
semi-finished goods	produits semi-finis
semi-fixed costs	frais semi-variables
semi-variable costs	frais semi-variables
senior debt	dette de premier rang
senior executive officer	directeur
senior management	cadres supérieurs
senior security	titre de premier rang
senior share	action prioritaire
sensitivity analysis	analyse de sensibilité
sequential access	accès séquentiel
serial bonds	obligations échéant en série
service bureau	centre externe d'informatique
service charges	frais de gestion
service contract	contrat d'entretien
services	(prestations de) services
set-off	compensation
settlement	paiement/règlement

settlement date	date de règlement
set-up costs	frais d'établissement
severance pay	indemnité de départ
SFAS : Statement of Financial Accounting Standards	normes comptables émanant du FASB (*US* : *Financial Accounting Standard Board*)
share	quote-part ; action
share capital	capital social
share certificate	certificat d'action(s)
share discount	escompte d'émission d'actions
share issue	émission d'actions
share issue expenses	frais d'émission d'actions
share issued for cash	action de numéraire
share issued for property	action d'apport
share ledger	registre des actionnaires
share option	option d'achat d'actions
share premium	prime d'émission (d'actions)
share premium account	prime d'émission d'action
shareholder	actionnaire
shareholders' deficiency	excédent du déficit sur le capital
shareholders' equity	capitaux propres
short-form report	rapport court
short position	position à découvert
short-term borrowing	emprunt à moins d'un an
short-term credit	crédit à court terme
short-term debt (short-term liability)	dette à court terme
short-term investment	placement à court terme
short-term liability	élément de passif à court
shutdown costs	frais de fermeture
sight deposit	dépôt à vue
sight draft	traité à vue
silent partner	(associé) commanditaire
simple interest	intérêts simples
sinking fund	fonds d'amortissement

sinking fund bonds	obligations à fonds d'amortissement
sinking fund reserve	réserve pour fonds d'amortissement
slow-moving stock	stock à rotation lente
slush fund	caisse noire
small tools	petit outillage
social accounting	comptabilité sociale
social cost	coût social
social security	sécurité sociale
soft currency	devise faible
soft loan	prêt (à conditions) de faveur
software	logiciel
software package	progiciel
solvency	solvabilité
sorting	tri
source and application of funds, statement of	tableau de financement
sources	ressources
spare parts	pièces de rechange
specifications	cahier des charges
speculation	spéculation
spending variance	écart budgétaire sur prix
spoilage	produit défectueux
spot check	sondage au hasard
spot market	marché au comptant
spot rate	cours au comptant
spot transaction	opération (de change) au comptant
spread	étendue, écart
staggered working hours	horaire décalé fixe
stamp duty	droit de timbre
standard	norme, standard
standard cost	coût (de revient) standard
stand-by credit	crédit de soutien
standing order	ordre permanent
start-up cost	frais d'établissement

statement	relevé (de compte)
statement of income	compte de résultat
statement of cash flow	tableau de variation de trésorerie
statement of changes in financial position	tableau de financement
statement of changes in net worth	(tableau des) variations de la situation nette
statement of earnings	compte de résultat
statement of operations	compte d'exploitation générale
statement of profit and loss	compte de résultat
statement of receipts and disbursements	(état des) encaissements et décaissements
statement of retained earnings	état des mouvements des comptes de réserves
statement of shareholders' equity	tableau des variations de la situation nette
statement of source and application of funds	tableau des ressources et emplois
static budget	budget fixe
statutory amalgamation	fusion légale
statutory audit	audit (révision) légale
statutory auditor	commissaire aux comptes
statutory reserve	réserve statutaire
stock (*US*)	capital social
stock (*GB*)	stock
stock exchange	bourse
stock option	option d'achat d'actions de l'entreprise par les salariés
stock split	division d'actions
stockholder	actionnaire
stockholders' equity	capitaux propres
stocktaking	inventaire
store	magasin
straight-line method	amortissement linéaire

straight line method of discount (or premium) amortisation	(méthode de l') amortissement linéaire de l'escompte
stratification	stratification
stratified sampling	échantillonnage stratifié
stub	souche, talon
subcontracting	sous-traitance
subject to	sous réserve de
sublease	sous-location
subordinate(d) debt	dette de second rang
subrogation	subrogation
subscribed capital	capital souscrit
subscription	abonnement ; souscription
subsequent event	événement postérieur au bilan
subsidiary	filiale
subsidiary journal	journal auxiliaire
subsidiary ledger	livre auxiliaire
subsidy	subvention
substance over form (principle)	(principe de la) primauté de la substance sur la forme (l'apparence)
substantive test	test de corroboration
subtotal	sous-total/somme partielle
sum-of-the-digits method	méthode de ventilation proportionnelle à l'ordre numérique inversé des périodes
sum-of-the-year-digits	méthode d'amortissement dégressif
sundry expenses	frais divers
sundry income	produits divers
sunk cost	coût irrécupérable
superannuation fund	fonds de retraite
supplier	fournisseur
supplies	matières consommables ; fournitures
supply and demand	offre et demande
supporting data	données justificatives

surplus	surplus, excédent
surrender value	valeur de rachat (d'un contrat d'assurance)
suspense account	compte d'attente
suspension of payments	cessation des paiements
swap	(opération de) troc
swap facilities	crédits croisés
syndic	syndic
syndicate	consortium financier
system software	logiciel de base

T

T-account	compte en T
tag	étiquette
tailor-made program	programme sur mesure
take-home pay	salaire net
takeover	prise de contrôle
takeover bid	offre publique d'achat
tangible asset	actif tangible, actif corporel
tangible net worth	valeur corporelle nette
tape	bande (magnétique)
target costing	gestion par coût-cible
tariff	tarif
task force	groupe de travail
tax	impôt
tax allowance	abattement fiscal
tax assessment	avis de cotisation
tax audit	contrôle fiscal
tax avoidance	évasion fiscale
tax basis	assiette d'imposition
tax benefits	avantages fiscaux
tax bracket	tranche d'imposition
tax burden	charge fiscale
tax credit	crédit d'impôt
tax deduction at source	retenue (d'impôt) à la source
tax effect	incidence fiscale
tax evasion	fraude fiscale
tax exempt	exempt d'impôt
tax haven	paradis fiscal
tax incentive	incitation fiscale
tax notice	avis d'imposition
tax penalties	pénalités et amendes fiscales
tax planning	planification fiscale
tax rate	taux d'imposition
tax relief	allégement fiscal
tax return	déclaration fiscale

tax revenue	recettes fiscales
tax shelter	paradis fiscal
tax (paid by) instalments	acomptes provisionnels (d'impôt)
taxes payable basis	méthode de l'impôt exigible
taxable income	revenu imposable
taxation	fiscalité
taxation authorities	administration fiscale
taxpayer	contribuable
technical reserve	réserve technique
telematics	télématique
teleprocessing	télétraitement
temporal method	méthode temporelle
temporary differences	écarts temporaires
tender	soumission ; cahier des charges
tender offer	offre publique d'achat (OPA)
term	durée
term bonds	obligations a échéance unique
term deposit	dépôt a terme (fixe)
term life insurance	assurance vie temporaire
terms of payment	conditions de paiement
test	sondage
test count	dénombrement par sondages
test footing	sondage des additions
testamentary trust	fiducie testamentaire
thin capitalisation	capital-actions restreint
third party	tiers
tick	pointer
tick mark	marque de pointage
till	tiroir-caisse
time and motion study	étude des temps et mouvements
time deposit	dépôt à terme
time loan	prêt à terme, emprunt à terme
time sharing	exploitation en temps partagé
time sharing computer	ordinateur à temps partagé
time sheet	feuille de temps

timing difference	différence temporaire
title	titre
tool equipment	outillage
top management	direction
tort	délit
track	piste
trade acceptance	acceptation commerciale
trade accounts payable	(comptes) fournisseurs
trade accounts receivable	(comptes) clients
trade and other accounts receivable	clients et débiteurs divers
trade credit	crédit commercial
trade creditor	compte fournisseur
trade debtor	compte client
trade discount	remise
trade discounts	ristourne
trade-in	achat avec reprise
trademark	marque
trade name	nom commercial
trade-off	compromis
trade secret	secret commercial
trade union	syndicat (ouvrier)
trading account	compte d'exploitation
trainee	stagiaire
training	apprentissage
transaction	opération
transfer	virement
transfer price	prix de cession interne
translation of foreign currency	conversion des comptes (ou opérations) exprimé(e)s en monnaie étrangère
traveller's cheque	chèque de voyage
travelling allowance	indemnité de voyage
travelling expenses	frais de voyage
treasurer	trésorier
treasury bill	bon du trésor

treasury certificate	bon du trésor avec maturité a moins d'un an
treasury note	bon du trésor avec maturité de un a cinq ans
treasury share	action non émise
treasury stock	actions propres rachetées
trend	tendance
trial balance	balance des comptes avant inventaire
true and fair view	image sincère et fidèle
trust	fiducie, fideicommis
trust agreement	acte de fiducie
trust company	société de fiducie
trust deed	acte de fiducie
trust estate	patrimoine fiduciaire
trustee	administrateur ; fiduciaire
trustee in bankruptcy	syndic (de faillite)
turn-key contract	contrat clés en main
turnover	chiffre d'affaires ; rotation des stocks ; rotation du personnel

U

unabsorbed overhead	frais généraux non imputés
unamortised cost	coût non amorti
unappropriated retained earnings	bénéfices non affectés
unaudited	non vérifié, non révisé
uncalled capital	capital non appelé
uncollectable account	créance irrécouvrable
uncovered	à découvert
underabsorb	sous-imputer
underabsorption	sous-imputation
undercapitalisation	sous-capitalisation
understated	sous-évalué, sous-estimé
undertaking	entreprise (sans précision de forme juridique)
under warranty	sous garantie
underwriter	assureur ; souscripteur
undistributed earnings	bénéfices non distribués
unearned	non gagné, non acquis, non matérialisé, latent
unemployment insurance	assurance-chômage
unexpired cost	coût non absorbé, coût non consommé, frais non absorbé
unfavourable variance	écart défavorable
unfunded actuarial liability	dette actuarielle non provisionnée
unfunded liability	dette non provisionnée
unfunded pension plan	régime de retraite par capitalisation partielle
uniform code of accounts	plan comptable normalisé
uniformity	uniformité
union	syndicat
unissued capital	capital non émis
unit cost	coût unitaire

unit-of-production depreciation method	méthode d'amortissement basée sur le nombre d'unités produites
unit price	prix unitaire
unlisted securities	titres non cotés
unofficial market	marché hors cote
unpaid dividend	dividende non versé
unqualified opinion	opinion sans réserve
unquoted	non coté
unrealised	non gagné, non acquis, non matérialisé, latent
unsecured account	compte non garanti
unsecured bond	obligation non garantie
unsecured creditor	créancier ordinaire
unusual item	élément inhabituel
update	mettre à jour
usage variance	écart sur utilisation
useful life	durée de vie utile
user	utilisateur
user's program	programme (fait) sur mesure
usufruct	usufruit
utilisation ratio	ratio d'utilisation
utilities	services publics

V

vacation pay	congés payés
validate	valider
valuation	évaluation
valuation base	base d'évaluation
value	valeur
value added	valeur ajoutée
value date	date de valeur
Value-Added Tax (VAT)	taxe sur la valeur ajoutée (TVA)
variable budget	budget flexible
variable costs	coûts variables
variable costing	méthode des coûts variables ; valorisation d'un produit en lui affectant uniquement les coûts variables qu'il a engendrés
variable overhead	frais généraux variables
variance	écart
VAT : Value-Added Tax	TVA (taxe sur la valeur ajoutée)
venture	entreprise
venture capital	capital risque
verification	contrôle
vertical analysis	analyse verticale
vertical business combination	concentration verticale
vested rights	droits acquis
visual display unit	terminal à écran de visualisation
volume discount	ristourne
volume index	indice du niveau d'activité
volume variance	écart d'activité
voting share	action avec droit de vote
vouch	vérifier
voucher	pièce justificative nécessaire à l'enregistrement d'une opération comptable

W

wages	salaires
waiver	exonération (de cotisation sociale)
warehouse	magasin ; entrepôt
warrant	certificat permettant à son détenteur d'acheter dans des garanties
waste	gaspillage ; déchet de fabrication
wasting asset	bien sujet à épuisement
watered capital	capital dilué
wear and tear	usure
weighted average	moyenne pondérée
weighted average cost	coût moyen pondéré
weighted average cost method	méthode du coût moyen pondéré
weighted average method	méthode du coût moyen pondéré
wholesale	vente en gros
wholesale price index	indice des prix de gros
wholesaler	grossiste
wholly-owned subsidiary	filiale à 100 %
will	testament
windfall profit	profit imprévu
winding-up	liquidation
window-dressing	maquillage/présentation fallacieuse des comptes
withholding tax	retenue d'impôt à la source
word processing	traitement de texte(s)
worker	ouvrier
working capital	fonds de roulement
working capital deficiency	fonds de roulement négatif
working fund	fonds de caisse
working hours	heures de travail

work in process, work in progress	travaux en cours
work load	charge de travail
workmen's compensation	indemnité pour accident de travail
work order	ordre de fabrication
work sheet	feuille de travail
workshop	atelier
work stoppage	arrêt de travail
write down	réduire la valeur d'un actif
write-off	amortir ; annuler ; déduire
write up	réévaluer ; passer (une écriture)

Y

yardstick	étalon
year-end	clôture d'exercice
year-end procedures	procédures d'inventaire
year to date	cumul annuel
yield	taux de rendement
yield to maturity	taux actuel brut, rendement à l'échéance

Z

zero base budgeting (ZBB)	établissement du budget sur la base zéro
zero coupon bond	obligation à coupon zéro
zero coupon swap	swap de taux d'intérêt

Cet ouvrage a été composé par
par Peter Vogelpoel

Imprimé en France par

BRODARD & TAUPIN

à La Flèche (Sarthe)
en décembre 2010

POCKET – 12, avenue d'Italie - 75627 Paris cedex 13

N° d'impression : 61642
Dépôt légal : octobre 1996
Suite du premier tirage : décembre 2010
S18551/02